阅读成就思想……

Read to Achieve

聪明养育系列

聪明养育

给孩子更好的父母

周洲 著

中国人民大学出版社
· 北京 ·

图书在版编目（ＣＩＰ）数据

聪明养育 ： 给孩子更好的父母 / 周洲著. －－ 北京 ：
中国人民大学出版社，2020.9
ISBN 978-7-300-28466-8

Ⅰ．①聪… Ⅱ．①周… Ⅲ．①儿童教育－家庭教育
Ⅳ．①G782

中国版本图书馆CIP数据核字(2020)第155160号

聪明养育：给孩子更好的父母

周　洲　著

Congming Yangyu： Gei Haizi Genghao de Fumu

出版发行	中国人民大学出版社	
社　　址	北京中关村大街 31 号	**邮政编码**　100080
电　　话	010-62511242（总编室）	010-62511770（质管部）
	010-82501766（邮购部）	010-62514148（门市部）
	010-62515195（发行公司）	010-62515275（盗版举报）
网　　址	http：//www.crup.com.cn	
经　　销	新华书店	
印　　刷	北京联兴盛业印刷股份有限公司	
规　　格	148mm×210mm　32 开本	**版　次** 2020 年 9 月第 1 版
印　　张	8.375　插页 2	**印　次** 2020 年 9 月第 1 次印刷
字　　数	213 000	**定　价** 79.00 元

推荐序一

人的一生有两个家庭，一是出生后生活的家庭，二是结婚后重新组成的家庭。我们把第一个家庭称为原生家庭，它对于孩子来说，影响是巨大的。

我每次讲课的时候都会问年轻的父母："你小时候有些愿望没有被满足，在你有了孩子后是不是会千方百计地去满足他？"很多父母都说："是的！"就是这样。一个人在童年成长过程中没有获得的满足，一定会在孩子身上表现出来——这就是原生家庭的延续。不管你是有意还是无意，都会或多或少地把原生家庭的一些东西遗留下来。所以，我们一定要超越原生家庭，培养更好的下一代，让他们不再处于跟我们一样的困境。

不过，我们国家有一个现实状况，就是年轻人工作压力非常大，我们的社会福利事业还有待改善，所以隔代养育的现象非常普遍，我也是在这种情况下去带我的外孙的。然而，我依然要向各位强调的是，父母是孩子的监护人，有不可推卸的责任，隔代养育的第一责任人永远是孩子的父母。

父母给予的情感是任何亲情都替代不了的，所以不建议老年人把看管孙辈当成生活的全部和情感的寄托，不要让祖辈的亲情冲淡父母的亲情，这些情感弊端都可能在将来的生活中显现出来。况且，老年人已经没有再带孩子的义务了，他们也需要追求自己晚年的生活，做自己喜欢做的事情。

明确了这个责任归属后，父母真正需要做的就是积极地学习科学养育知识。很多年轻人喜欢吐槽老人的旧观念、旧思想，这其实无关对错，不少老人都有时代的局限性，因此更需要年轻的父母能与时俱进，培养终生学习的意识和习惯，给孩子科学有质量的陪伴。

至于那些琐碎的育儿问题，只要父母愿意思考和学习，也是有非常多的小妙招的。比如，关于宝宝不爱吃饭的问题，我就被无数的父母问到过，我也分享了自己对付小外孙的方法。重点就是要让宝宝找到吃饭的乐趣，可以选择带有他喜欢的卡通图案的餐具，吃完碗里的饭，就可以看见碗底的卡通图案，这个方法既可以锻炼宝宝自己吃饭的协调能力，又让他对吃饭这件事充满期待和动力。

这些认知和方法都不是什么找不到的宝藏，看书就好了。周洲的这本《聪明养育》我就非常推荐，不仅搭建了育儿的框架体系，还有针对场景问题的实操方法，可以说完全切中了当代父母的需求和痛点。最大的亮点就是既让父母知道怎么做，也让父母清楚为什么，就像我做科普一样，有理有据才有说服力。

张思莱

北京中医药大学附属中西医结合医院原儿科主任、主任医师

卫生部"儿童早期综合发展"项目国家级专家

中国母婴公益杰出人物

推荐序二

大家常说"不能让孩子输在起跑线上",可是大家都搞错了,真正的起跑线不是孩子的表现,而是父母的育儿理念。

拥有科学育儿理念的父母,不会把孩子当作自己的延伸,而会尊重孩子,把孩子当作一个独立的个体。父母要做的,不是按照父母自己的意愿来安排孩子的人生,而是帮助孩子发现自己的能力和人生目标,帮助孩子去实现自我。

所以,家庭教育至关重要。而家庭教育的目标,我认为就是教出情商好、身体好、习惯好的"新三好"孩子。对于孩子的好身体和好习惯,父母通常还是比较关注的,但往往容易忽视情商这个方面。这不仅让教育过程举步维艰,也会影响孩子的心理成熟与人格健全。

我发现,许多父母在和孩子互动时,关注的并不是孩子的教育,而是解决自己的育儿难题。举个例子,当孩子觉得弹钢琴好难,嚷嚷着"我不想弹了"时,不少父母的第一反应都是聚焦在自己的目标上:"这孩子不听话、浪费钱,真糟糕!"从而想方设法与孩子斗智斗勇,强迫孩子继续,以化解自己的育儿难题:"不行,钱已经付了,你不可以说停就停!"

　　然而，情商高的父母会在第一时间意识到，为孩子赋能才是教育最重要的目标，此刻是培养孩子抗挫力的重要时机，因而会先处理心情，再处理事情。他们会先关注孩子的感受："谢谢你告诉我，你觉得弹钢琴很辛苦，是吗？"接下来再询问原因，努力了解孩子在达不到目标时心里是怎么想的。然后，再帮助孩子找到力量来克服挫折感，学会自我激励。

　　真正爱孩子的父母会理解，孩子成长的第一要务是培养强大的内心。因此，有科学养育观的父母会希望为孩子赋能，通过关注孩子内心的感受与想法，帮助孩子提升能力去面对生活难题。比如，在刚才提到的例子中，这其实恰好是培养孩子抗挫力的极佳时间点，这件事的关键不只是孩子弹不弹钢琴，而是孩子有没有抗挫力。是否具有这种能力，比弹钢琴的技能对孩子的未来而言更重要。

　　懂得为孩子赋能，就是我理解的聪明养育。科学教养的理念是需要大力推广的，很高兴看到周洲老师出书了，《聪明养育》就是集结了科学教养方法的一本好书。

　　作为一位资深媒体人，周洲对于家庭教育的重要性有很深切的理解，并毅然决然地离开主流媒体，全力以赴地推广家庭教育，帮助家长成长，这份心意让人佩服，也令人动容。身为一个接受过心理学科学训练的人，我自己也特别欣赏周洲重视科学教养的价值观，只传播有科学证据的教养理念，所以当年我们俩初识时就很投缘，并成了好友。

　　我看到周洲和儿子在一起时，彼此尊重而亲密，态度温和而坚定。周洲是个淡定而有爱的好妈妈，真好！我问她是如何做到的。她说，源于自己多年来不断的阅读及成长，有方法就能不焦虑。

这本《聪明养育》全面而深刻地阐释了科学养育的方法论和实操工具，内容扎实，并且有实际做法，相信家长们会从中大大受益，也成为淡定开心的好父母。

孩子的成长只有一次，祝福各位都能做聪明养育的父母，帮助孩子成为此生最精彩的自己。

张怡筠

著名心理学家、情商教育专家

美国佐治亚理工学院心理学博士

"张怡筠情商教育"创始人

自　序

　　第一次为人父母，你一定会在养育过程中遇到数不清的"三无"难题。

- 无暇：白天要上班，晚上陪伴孩子，有了孩子后就很少再有属于自己的时间……
- 无知：孩子的问题花样百出，用尽十八般武艺却招招不好使，不知拿他怎么办……
- 无助：迷茫、困惑、焦虑，被孩子折腾得身心俱疲，越来越缺乏育儿自信……

　　每个人都需要终生学习和成长。如今已有越来越多的人意识到，**比"成为"父母更重要的是"胜任"父母**。"父母"不再是一个理所当然的身份，而是一个需要认真对待、需要通过学习提升的角色。因此，我创立有养之初就设计了这样的口号：

孩子是天使，父母就是天使投资人。

不管你是否意识到了这一点，也不管你是否愿意这样做，你的教育方式都会影响孩子的一生。

· · ·

从传统媒体转型到现在的新媒体，我一直都在倡导，要服务新生代的父母，帮助他们升级教育理念和养育方式，这是因为：

- 他们不甘于接受传统的观念和教养方式；
- 他们可能缺乏专业的渠道和平台来获取新的认知与方法。

而如何解决第二点，正是我正在做的事情。

随之而来的问题便是，养育孩子是否有正确的标准呢？如何判定父母做得合不合格？其实，即便是全球最权威的教育专家，可能也无法给出一个明确的且被大众认可的答案。事实上，养育孩子这件事从来都没有唯一标准，但关于是否有一套相对适用于每个孩子的"通用教育原则"这个问题，我在《六 A 的力量》(*The Power of Six A's*)这本书中找到了参考答案。

"六 A"，指的是六个积极的教育原则——接纳（acceptance）、赞赏（appreciation）、关爱（affection）、时间（availability）、责任（accountability）和权威（authority），这些原则的英文单词都是以"A"开头的，故而得名。研究人员经过 40 多年的跟踪调查发现，按照六 A 原则养育的孩子，其人格的健全和个人的成功都大大优于平均水准。

为何如此神奇？书中是这样解释的：

一个人的行为不是随机产生的，每种行为都会契合这个人的价值观；而人的价值观又是他的信念塑造出来的，也就是说，"你所做的一切，都是你相信的事"。那么，你相信的事是怎么来的呢？来自你在成长过程中所看到的世界。而父母就是这个世界中最重要的部分，孩子是借由父母来认识自己的。

换句话说，一个孩子将来的内在人格是否健全，取决于父母与他建立亲密关系的方式。六A原则能够帮助父母与孩子建立起一种成长式的亲子关系：既有无条件的爱，也有正确的教育；既有自由，也有边界，这是一种平衡和成熟的关系。我不能说六A原则就是绝对的权威，但的确是一个值得借鉴的认知方向，这就是专业书籍的价值。

· · ·

有养专注父母教育近四年，吸纳了很多相关的专业内容，基于大量科学跟踪研究和儿童发展规律，总结出一套可供参考的实用养育模型。这套模型分别从教育观、方法论、实操法、工具箱四个方面切入，在缓解父母焦虑的同时优化认知与教育思维，并分享多种有效解决问题的实操技巧与方法，让父母在养育过程中少走弯路，实现聪明养育、轻松养育。

简单地说，这套模型的四个方面分别包括如下内容。

- 教育观：重新定位父母角色，获得觉醒。
  包括：父母角色定位、通用教育原则、父母胜任力。
- 方法论：读懂孩子的内心，给孩子更好的爱。
  包括：安全感、高质量陪伴、性格培养、环境创设。

- 实操法：用对育儿方法，既轻松又高效。

  包括：情绪管理、童年焦虑、大脑发展、独立意识。
- 工具箱：助力每个父母成为更好的自己。

  包括：高效沟通、社交建立、习惯培养。

这本《聪明养育》就是按照这套模型撰写的，希望能帮助你全方位地高效构建自己的养育体系。

如果说养育孩子就像盖房子，那么这本书将为你搭建起最稳固的框架，获取科学育儿的进阶指南，助力你成为更好的父母。

愿你成为孩子的最佳天使投资人。

有养创始人兼 CEO

目　录

教育观

如何定位父母角色

做觉醒的父母

想一想：

- ✂ 为什么说父母是孩子的一面镜子？
- ✂ 为什么要感激孩子？
- ✂ 为什么父母要扔掉自负感和完美主义，做好情绪管理？
- ✂ 培养孩子的规则意识有何用处？

可以说，在孩子出生那一刻，父母的身份就自然确立起来了。虽说这是水到渠成的事，但我们也得承认一件事：父母们往往都是被赶鸭子上架的。

不妨先来想想，你有没有经历过以下场景：

- 当孩子害怕当众表演节目时，你埋怨他胆小；
- 当孩子哭闹着不想去上兴趣班的时候，你吓唬他再也不给他买玩具；
- 当孩子没考好时，你难掩满脸的失望。

如果有，那么你就要注意了！这可能是在你潜意识中存在的一个观念："当孩子没有达到预期，我就会对他感到失望和气恼。"虽然父母都是一心为孩子好，但往往凭着本能来教养孩子，只能说是一种懵懂的教养方式。

心理学家沙法丽·萨巴瑞（Shefali Tsabary）在《父母的觉醒》（*The Conscious Parent*）一书中提出了一个让人深受触动的概念：父母的觉醒。什么叫觉醒呢？"觉醒"的意思就是保持清醒，也就是说，**我们很清楚地知道自己做的一切都意味着什么**。父母给了孩子生命，但是这并不代表要掌管孩子的一切，每个孩子都应该顺应自己的生命轨迹。

如果父母以爱为名，强行干涉这条轨迹，孩子就会与自己的本真偏离，找不到真实的自己。千万不要小看这个麻烦！所以，拥有一个觉醒的养育视角非常重要。

这是一种更高段位的认知，一个万变不离其宗的心法。有了这个心法，我们就能明确自己想要的效果，遇到具体问题时，我们自然就可以灵活应对了。可以把它当作一套人生哲学，一旦理解了它的精神内涵，就会知道该怎么做了。

什么是父母的觉醒

每个孩子在降生时都是自带说明书的，比如有的孩子天生胆小，父母就要为他营造温柔舒缓的氛围；有的孩子天生大大咧咧，父母就需要坚定地与其沟通。

如果让孩子自然发展，那么孩子就不会去考虑父母希望他成为什么样的人，而是遵循他自己的发展轨迹，成为他自己想要成为的人。

那觉醒的父母要明白些什么呢？

学会接纳，见证一个独立的灵魂

在孩子成长的过程中，父母应该扮演什么角色呢？父母应该是一个见证者——对，不能干涉，只能见证。有时，还要帮孩子找到自我。所以，觉醒的父母要明白的第一点是，**学会接纳，见证一个独立的灵魂，而不是培养一个迷你版的自己。**

为什么说是"接纳"，而不是"认可"呢？因为"认可"是一种控制欲的延伸。当父母给孩子送上奖励时，就是在告诉他，他做了一件让父母满意的事。而"接纳"则意味着，即便孩子什么都不去证明，父母也依然为他们的存在而骄傲。为什么要这样做呢？因为孩子伴随着这种感受成长起来，就会获得强大的内心，认可自己的价值，无须迎合别人的喜好。

> 虽然孩子因我们而来到这个世界，但他们才是他们自己生命的主宰。父母要做的，仅仅是陪伴与见证。

父母就像一面镜子，要映照出孩子的完整自我

父母常会有这样的思考："孩子长大后，应该让他做什么？"这个问题其实本身就不成立，因为当你总是惦念让孩子变成什么样子时，就相当于在告诉他："你是不完美的，你表现出来的真性情是不好的。"这么一来，孩子就会迷失自己，变成为了父母而活。

为了映照出孩子的完整自我，父母要像一面镜子那样，帮孩子看清自己的真实感受，了解自己的内心世界。只有时刻关照内心的孩子，才能发展出完整的自我，获得内心的宁静，活得不拧巴。

> 父母就像一面镜子，要映照出孩子的完整自我。

要学会感激孩子

我们为什么要感激孩子呢？因为孩子为我们提供了一个走向觉醒的机会，让我们能更接近真实的自我。在所有的经历中，为人父母本身就能唤醒人们的情感。孩子能把我们带回童年经历中，让我们有机会重新体验过去的情感波澜，帮我们看到遗留的情感伤痛。

孩子为我们提供了一个走向觉醒的机会，让我们能更接近真实的自我。

这个情感伤痛从哪来呢？从原生家庭中来。

来看一对母女的例子。

原本乖巧懂事的女儿，进入青春期后却常常跟妈妈争吵。每次她摔门而出，妈妈都会情绪失控，接着就是一顿狂风暴雨般的吼叫，甚至砸东西。妈妈不明白，平时温柔的自己，为什么会突然像个六岁的小孩？在她冷静下来思考整个过程后发现，自己大喊大叫，就像母亲冲自己吼叫一样。女儿摔门而去，使她感觉像是自己做错了事，被母亲惩罚了一样。从女儿的所有行为中，妈妈看到了她创伤的源头。

原来，这个妈妈小时候很少感受过家庭带给她的温暖，母亲经常对她视而不见，父亲只会体罚不会教导她。为了得到父母的关爱，她从小就把怨恨隐藏了起来，尽全力做到父母眼中完美的孩子。在她有了女儿后，她也是把女儿训练成一个小小机器人，凡事都要求她做到最好，可忽略了情感交流。不过，她的女儿并不像她当年那样只会压抑怒火，进入青春期后，女儿表现出了反抗，她会尖叫会说"不"。而妈妈错把女儿当成了反攻对象，想把童年没有实现的存在感，通过控制女儿找补回来。

因此，一旦孩子撕开了我们的伤痛，我们就有机会去挖掘为什么自己不能接纳。我们可能会在一瞬间，回忆起小时候爸爸的一次离家出走，也可能想起妈妈的一次大吵大闹，这些不快的记忆在我们跟孩子的交流中会被瞬间勾起。或许，童年让我们不快，但在我们发现这个伤痛后，就有机会修复受伤的心灵，打开心结。

看，和孩子一起成长，进入更真实的状态，是一件多么有意义的事！

觉醒的教养方式

要想实现觉醒的教养方式，父母应该怎么做呢？

扔掉自负感

什么叫自负感？就是"我认为这是对的，那是不对的；我认为你应该这样，不该那样"的执念。面对一个还没发育完全的小孩，父母天然认为："我是对的，我有大把经验等着传授给你。而且我这么爱你，为了你辛勤付出、牺牲自我，让我来指导你的生活，这是多么天经地义的事情啊！"这种思维模式可能存在于你的潜意识中，让你发现不了，但的确会在一瞬间决定你的行为。

不信？你可以试着回答这些问题：如果孩子不上大学去环游世界，从事父母心目中不理想的职业，未婚先孕，跟外国人结婚，那么你会有什么反应？不用真的回答，只是想想自己的第一反应，就能判断自己有没有自负感。

有些父母会给孩子报很多兴趣班，他们担心其他的孩子都学自己的孩子不学，将来会被比下去。这些对"成功"的定义，其实也是父母价值观的投射。再比如，如果父母是艺术家，就很可能期待孩子在艺术领域一展才华；如果父母是学霸，可能很轻松地认为，孩子也能次次考第一。父母希望孩子能继承自己的才能，也是一种投射。相反，如果父母在学业上并不出色，就会担心孩子也和自己一样，然后就竭尽所能地帮助孩子避免重蹈覆辙。让孩子完成父母自己的夙愿，也是父母的自我投射。这些都是自负感。可不要认为只有别人才自负，自负感人人都有。一旦孩子跟你心意不合，你就会想控制他。结果就是，父母会让孩子无法进入孩子自己的世界，丧失成就感。看上去父母在尽责，但实际是一种操控。要知道，孩子都是通过父母首次确立身份意识的，如果他知道父母迟早会反对，他就永远都不会真正起航，去经历生活的风浪。

因此，父母首先要扔掉自负感。做到这一点并不容易，推荐一个方法——**不表态**，即不管孩子做了什么，都不要表达你的态度。比如，当孩子跟你说"将来想当模特"的时候，不要跟她说"你太矮了当不了模特"；当孩子跟你说"想做赛车手"的时候，也不要说"那太危险了，还是算了吧"。不管孩子做了什么，有没有取得成绩，你都要放手不去干涉，因为你的角色就是见证者。即便孩子平凡无奇，父母也要去欣赏。孩子一旦摆脱了对他人的期望，就能进入自己的内心世界，以自己为荣。将来，孩子就能跟你和他人建立起一种健康且相互独立的人际关系。

> 一旦孩子摆脱了对他人的期望，就能进入自己的内心世界，以自己为荣。

扔掉"完美父母"的头衔

每个父母都想做到尽善尽美，希望自己是天底下最好的父母。我身边就有这样一位母亲，在事业顺风顺水的时候，辞职做了全职妈妈，没完没了地给孩子张罗各种琐事：带着孩子去上芭蕾课，参加夏令营，日复一日地忙着为孩子做饭、打扫卫生……她陷入了迷失了自我的生活中。如果孩子不听她的安排，她就觉得受不了。这就是一种怕自己不是完美父母的焦虑，而焦虑最突出的表现就是控制欲。

要想摆脱完美主义思想的包袱，就要**关注过程而不是结果，活在当下**。当你只关注过程的时候，你就能感觉到，你的孩子在当下快不快乐。这种关注直达内心，只有这样才能听到孩子内心的呼声。比如，与其比拼着给孩子买什么样的玩具，不如多花时间陪他去一次公园；与其让孩子多看一小时电视，不如陪他骑一小时自行车。孩子有你的陪伴，才能感受到你的关心。你会让孩子明白，结果没有过程重要。

再比如，下次你的孩子战战兢兢拿着不理想的成绩单给你看时，你可以不要皱眉头，先给孩子吃颗定心丸，告诉他你不会生气，启发他想想可以如何调整学习方法。等他下次考好了，你也不用开心得庆祝，而是平静地说："很不错嘛，你享受学习的过程了。"只有当你没有了控制欲，孩子才会摆脱恐惧、负疚、虚荣心的羁绊，真正享受学习的过程。你可能会担心，如果他没有一技之长将来养活不了自己怎么办？不妨换个角度来想：如果在他小的时候你就放手让他去体验，他自然就会找到自己热爱的东西，那就是他愿意为之奋斗的领域，自然可以培养自己的技能。

一旦父母生活在当下，孩子就能效仿父母生活在当下，不会为了金钱或面子生活，而只为了内心真正的驱动力努力生活。等孩子进入社会，当他们面临压力、情感挣扎或财务危机的时候，自由的心灵就会成为他们的精神源头。

摆脱情绪困扰

当你遇到堵车时，你会感到心烦；当收银员凶巴巴的，你会感到憋闷；当你带着老板给你的气回家时，看到孩子的一点点过错，你就会大发雷霆……如果你的情绪让你不好过，你就很难对孩子做出恰当的反馈。而孩子看到你的表现，会认为你的情绪是他造成的，让他心生负疚感，甚至觉得自己没用。这是很糟糕的，因为这会让他渐渐对你产生抵触。因此，父母有责任摆脱自己的情绪困扰。而大部分的情绪困扰，都是童年伤痛带给你的。

解决的秘诀就是，把你的每次情感冲动当作一个信号，它在提示你自身缺乏的某个东西。当孩子的事激怒你的时候，别忘了去发现这个信号，比如，你完全接受不了孩子被欺负，哪怕他跟小伙伴们只是出现了一点小摩擦你也会发火。你可以怎么做呢？

- 首先，停下来做一次深呼吸。
- 其次，问自己三个问题："第一，我为什么会受刺激呢？第二，我为什么对孩子那么不满意？第三，孩子是不是触碰到了我的哪桩心事？"对孩子的过度保护，换一种说法就是，你感觉自己受到了威胁。你可能回忆出你小时候受欺负的一次经历，你可能会因此找到伤痛的源头。
- 再次，跟过去道个别，回归平静。
- 最后，待情绪平复后，跟孩子好好沟通，就事论事，摒弃个人情绪。

培养孩子的规则意识

虽然我们强调父母要接纳孩子，但接纳并非纵容，觉醒的父母不会给孩子的不当行为亮绿灯。什么是不当行为呢？有三条警戒线：**孩子不尊重自己，不尊重他人，不尊重自身健康。**比如，孩子不做功课、不学习，这些都是不尊重自己；孩子对父母和老师大吼大叫，这是不尊重他人；孩子总熬夜、不吃饭、冬天穿单薄的衣服、跑到火车道上玩，这些都是不尊重自身健康。一旦孩子跨越警戒线，父母就要严格纠正他们的行为。

你可能会有疑问，这会不会又是一种控制感？我们虽然说要尊重孩子的本真，但孩子毕竟没有发育出成熟的判断能力，你让他做的决定应该同他们的年龄相适应，当你预见孩子会因为自己的不当行为而伤害自身时，就要拿出父母的权威，敢于对他们说不。这不是在干涉孩子的选择，而是告诉他自由也是有界限的，你要保证他在一个安全网内自由驰骋。

要培养规则意识，有三个步骤。

步骤 1：不要等事态升级，要立刻叫停

给孩子立规矩时，最忌讳断断续续，你的迟疑会让孩子认为规则可有可无。尤其是当你不知道怎么解决时，你更不能逃避不管。比如，当你让孩子把鞋捡起来放回鞋柜时，孩子没理你。连说两遍，孩子依然没理你。这时候，你是不是就走过去把鞋子放进鞋柜里了？然后憋着怒气，在下一次他不听话时突然爆发？这可不行！孩子不听，你要继续引导，如果你就事论事，那么孩子一定会回应，当孩子听从了建议，你可以表扬他维护了房间的整洁。要注意，在你纠正孩子的时候，不要斥责孩子，这会使孩子产生负罪感，怀有这样的心态，他是不会尊重你的。说不时，也要从容平和、语气坚定。

步骤 2：正面强化

当孩子刷牙时，哪怕只有一颗牙刷得好，其他牙齿都没有刷好，你也要表扬他；如果他平时不主动和别人打招呼，那么当他第一次主动和别人打招呼时，你就要表扬他。这就是正面强化，它比惩罚管用多了。

步骤 3：协商灵活性规则

灵活性规则，指的是警戒线以外的规则。它对孩子的健康成长没有重大影响，比如穿什么款式的衣服，去哪里吃饭，去哪里玩。如果凡事都定规矩，孩子就会裹足不前。一旦确立了警戒线，你和孩子就可以共同确立灵活性规则，这是可以让他来发表意见的。你可以允许孩子说不，让他跟你谈判。孩子会看到，父母会施展权威，制定警戒线，但父母也会出让一部分权力，让他有权发表意见。慢慢地，孩子就学会了协商谈判的技能。

聪明养育小贴士

在养育孩子的过程中，我们难免会自负傲慢、追求完美、苛刻，甚至随意发泄情绪，这都会破坏我们与孩子的亲密关系，影响他们的健康成长。然而，比这更可怕的是，我们常常陷入"不觉醒"且不自知。

父母觉醒的目的，就是跟孩子建立起一种共同成长的精神伙伴关系，营造良好的精神氛围。这既能给孩子带来积极的影响，也能促进家人之间的互相关爱和彼此认同。

聪明养育小练习

情景再现：当孩子因为一次考试没考好就沮丧地说"讨厌上学"时，我感觉自己一下子就火了。我该如何化解不良情绪，才能不影响亲子关系？

1. 我要意识到，我当下的情绪很可能暗藏着我童年的伤痛。

我的情绪是：＿＿＿＿＿＿＿＿＿＿＿＿＿＿

我回忆起的童年伤痛是：＿＿＿＿＿＿＿＿＿＿

2. 不要害怕坏情绪，要将管理情绪当作给孩子的亲身示范。

（1）深呼吸，停下来回忆童年

我是否曾经历过这种感受？是因为什么事？＿＿＿＿＿＿

（2）问自己三个问题：

我为什么会受刺激？＿＿＿＿＿＿＿＿＿＿＿＿

我为什么对孩子那么不满意？＿＿＿＿＿＿＿＿

孩子是不是触碰到了我的哪桩心事？＿＿＿＿＿＿

（3）尝试放下心理负担，跟过去道别，回归平静

我会这样做：＿＿＿＿＿＿＿＿＿＿＿＿＿＿

（4）待情绪平复后，跟孩子好好沟通，就事论事，摒弃个人情绪

我会这样做：＿＿＿＿＿＿＿＿＿＿＿＿＿＿

父母的觉醒

[美]珍法丽·萨巴瑞

1 什么样的父母是觉醒的父母

见证一个
独特的灵魂,
而不是培养
一个迷你版的自己

父母就像
一面镜子,
要映照出
孩子的完整自视

感激孩子,
给你提供了
一个走向
觉醒的机会

2 如何做觉醒的父母

(1) 扔掉自责感
 • 不干涉

(2) 扔掉"完美父母"头衔
 • 关注过程,站在当下

(3) 摆脱情绪困扰
 • 深呼吸
 • 找到伤痛源头
 • 跟过去道别
 • 跟孩子好好沟通

(4) 培养孩子的规则意识
 • 不等事态升级,要立刻叫停
 • 正面强化
 • 协商灵活性规则

做成熟的父母

想一想:

ભ 不成熟的父母有哪些类型？各有什么表现？

ભ 不成熟的父母会对孩子带来什么影响？

ભ 如何摆脱原生家庭的伤害，成为更好的自己和更成熟的
养育者？

我们对父母最大的误解就是，毫无来由地认定他们是拥有完善人格、成熟行为模式的人。

然而，你是否有过这样的经历？生娃之前下定决心："我决不会像我妈那样动不动就骂孩子。"但真的成为妈妈后，你很可能不仅骂孩子，而且连语气都和你妈妈当初骂你时一模一样。或是，当你和孩子独处时，你可以和孩子平和相处，让孩子去做想做的事情。一旦家里的老人在场，你就会情不自禁地感到紧张，希望孩子顺从听话。

被不成熟的父母养育长大的人，在自己成为父母之后，会不自觉地重复自己当初被养育的方式。我们对孩子的言语、态度、无意识的管教，往往是在复刻当初自己的经历。

我们都曾是孩子，后来为人父母。了解父母曾如何伤害我们，找回真实的自己，用健康的心理状态来养育我们的孩子，是我们最应该去做的事。

> 远离不成熟的父母，才能避免成为下一个不成熟的父母。

不成熟的父母的四种类型

消极型父母

消极型父母常常自以为自己很"佛系"，但他们的内心并不是真正的平和，而是对自己的孩子有一种深深的不信任感。当孩子遇到了挫折，比如在学校的运动会中没有取得名次，很沮丧地跟父母说"我跑得很用力了，但是××同学抢跑了，老师都没说他"时，消极型父母在此时非但没有察觉孩子受挫，反而会回应："你本来就跑不快，得不到名次又有什么关系？"

这种教养方式的可怕之处在于，**父母的评价会慢慢内化为孩子的潜意识，使孩子认为自己是个"本来就跑不快""本来就学不会""本来就不行、就很差劲"的人。**这类父母表面上看不打骂孩子，却把孩子的安全感消磨殆尽。在这种环境下长大的孩子没什么上进心，会始终认为自己本来就是个什么都干不成的人，当他在工作、生活中遇到困难时，会觉得"我就知道我肯定做不来"，然后就放弃了，不会去想解决方案。

驱动型父母

驱动型父母自我感觉特别良好，他们觉得自己是最关爱孩子的人。在行为上，这类父母是要掌握绝对控制权的，只要是与孩子有关的事，大到报考什么学校，小到穿什么颜色的鞋子、配什么款式的袜子，都必须按他们的心思，即使夸奖孩子，他们也是有选择性的。"意志强加"是这种父母最擅长的行为，而且可怕的是，很多父母有这方面的问题却不自知，他们一边对孩子说"我全心全意地为你好，我这么做都是为了你"，一边拼命把自己的想法塞给孩子。**在这种养育模式下成长起**

来的孩子，有很多变成了"妈宝"，完全没有主见。

> 孩子被迫扮演父母要求的角色，使得他们人生中最重要的决定被扼杀了。

情绪型父母

首先我们要清楚一点：每个孩子都是天然爱父母的，因此孩子会很容易接收到父母的情绪信息，一旦孩子认为父母需要自己的帮助，就会迎合父母的想法。

例如，孩子想报考自己喜欢的专业，家长接受不了，有的妈妈绝食、终日以泪洗面，有的爸爸向孩子控诉"你这么犟，我都要被你气得心脏病发作了"等。总之，父母就是以身体疾病示弱或者自虐等方式，在情感上绑架孩子，来逼迫孩子改变想法。

情绪型父母的通病就是不会处理情绪，他们难以将情绪和事件分开，一旦自己情绪有波动了，全家就必须齐齐上阵来安慰。**以这种方式被养育长大的孩子没有个人的边界，他们的领土被父母侵占太多，分不清楚什么事应该自己做主。**在他们为人父母后，也会不自觉地使用这种方式来控制自己的孩子，从而形成恶性循环。

> 在你试图转变成你的家庭所需要的那种人的过程中，你会变得更加看不见真实的自我。

拒绝型父母

你小时候有没有过这样一个"敌人"——"别人家的孩子"？

有的小朋友考了满分，兴高采烈捧着成绩单回家求表扬，结果父母却感觉抓到了一个超好的教育机会，赶紧开始噼里啪啦地说教："虽然这次考好了，但不能骄傲，你看你们班的××，人家每次都第一，还在一直努力学习……"此时，这个求表扬的孩子的眼中肯定已无光了。

拒绝型父母在行为上似乎没办法给予孩子认可，他们觉得孩子永远不够好，孩子还能更好，与××比起来还差得远。这种父母当然不是不爱孩子，可是他们的爱伴随着打压、抑制甚至强烈的羞耻感。**在这种环境下成长起来的孩子，自信心被抽干，很难真正地认可自己，即使在成年后也常常会伴有一种深深的"我不配"的感觉。**

以上四类父母的行为模式都非常常见，而在他们这种几乎贯穿一生的养育方式下，孩子为了适应，必定会产生相应的行为与父母的养育方式匹配，并内化成一套固有的思维模式。这就是不成熟教养方式带来的最深、最严重的影响。

> 在父母不成熟的家庭中成长起来的小孩，到了成人阶段也往往会陷入不健康的亲密关系中。

不成熟的父母的影响

了解了不同类型的父母可能带给我们的伤害，我们就需要去探寻，这些伤害会导致我们变成什么样的人，这关乎我们最终能否真正从有害关系中脱离。

被不成熟的父母养育的孩子是什么样的？

情感孤独。

如果父母不够成熟，无法在"感情"上给予足够的支持，孩子就会感受到受伤害，但又不一定明确知道问题出在哪里，因此孩子会常常感觉空虚、孤独，很难敞开心扉甚至认为这是羞耻的。这些都是由于孩子在幼年缺乏足够的陪伴和同情而造成的。

> **不成熟的父母会给孩子带来情感孤独，这种情感不易被察觉。**

这样的孩子会认为，要想与他人建立关系，就需要把别人放在第一位，他们也不会期望别人为他们提供帮助或者对他们感兴趣；相反，他们会去帮助他人，刻意隐藏自己的需求，无法与人真诚交流，并陷入恶性循环，然后分化成两种不同类型的孩子——自我掌控型和外物掌控型。

自我掌控型的孩子总是看上去很外向，做什么都非常努力，他们习惯性地背负很多不属于自己的责任，为别人找理由，认为自己只能更努力才能做好，为别人牺牲了很多个人空间，但又怨恨别人没有按自己的期待给出反馈。

这种场景最常出现在学习某种技能的时候。比如，有的小朋友并不喜欢学琴、学下棋，但是家长认为这是"为你好"的事，一定要去学。对此，自我掌控型的孩子很可能会产生"为了让父母开心"而去练习的状态。普通小朋友可能会偷懒、耍赖，但自我掌控型的孩子没有太多自我情绪的显露，而是会更关注父母是否会给予自己巨大的赞许，完全依靠父母的眼光向前推进做事的进度。如果你在儿时也曾是这样的孩子，那么在你长大成人后，很可能依然会延续着这种心态，背负着别人的眼光艰难前行。与团队伙伴一起合作推进项目，你总是要替那些偷懒的人收拾烂摊子，你不自觉地担负起属于别人的责任，甚至会产生一种"我不做谁做呢"的想法，让自己疲惫不堪。

应该怎么办呢？

当你还是个孩子的时候，很可能意识不到这是一种自我摧毁，但现在你已经成人了，要相信自己有力量。**你需要做的是，坦诚心意、练习求助，还有不当垃圾桶。**

其实非常简单，梳理自己手里做的事，承认有一些事情你做不到、你不擅长，坦然地说出来。请求帮助并不意味着一定要让父母、同事、朋友来帮你，因不想做饭而点外卖、因不想打扫而请钟点工，其实也是一种求助，承认"我不想做饭"或"我做不好家务"并没有什么可耻的。总之，就是让合适的人来做合适的事，让可以做事的人帮你去做你不愿意做的事。此外，不要轻易成为人际关系中的知心姐姐，不要去花过多的时间和精力去听别人（包括父母）吐苦水，也不要去尝试帮他们梳理情感关系，否则大家会一直找你吐槽。

另一种分化是**外物掌控型**，这种人看上去总是很消极，用现在流行语来说就是"丧"，他们会习惯性地退缩，喜欢把问题转嫁给他人。如果工作或生活出现了问题，他们就会表现出无所谓的样子——但这不是乐观，而是逃避，他们常觉得"要不是××做错了事情也不会这样，但既然已经这样了，就算了吧"。他们做错了事也不会吸取教训，下次很可能仍然会搞砸。

你在职场中有没有遇到过这种"猪队友"？他做事有头没尾，突然一时兴起接手一项工作，在真正做的过程中又会把工作弄得乱七八糟。最可怕的是，他做不出来或者做坏了也不吭声，快要交工作了突然说"我弄不了、完不成"，找一个借口就消失了，丝毫不管是否给别人造成了麻烦。

外物掌控型的人的行为模式通常都是先行动后思考，这会给后续造成很多压力和困难，但他们又是无法忍受压力的，抗压性非常差，就只好"跑"了。

父母越喜欢严格控制孩子，并认为孩子没有自己就不行，往往就越容易引起孩子的"外化"。当你意识到自己有"外化"的表现时，首先要知道，外物掌握型的人忽略他人，常常是真的完全没注意到别人的想法，因此**最关键的是要学习沟通，要听到并听懂别人在说什么**，比如，在工作中学会把对方的需求记下来，在开始做之前向对方核实，文件是不是明天交，里面要包含什么内容。从每件小事开始学着听别人说话。

如何走出关系阴影

当我们开始研究原生家庭关系，研究一个人性格的形成和行为模式的塑造过程时，会渐渐清晰地看到自己的发展路径。当我们处理好自己童年的问题并发现自己的优点时，就会更加自信地按照自己的本心生活。因此，**走出关系阴影，意味着找到真我，它的核心是重新把注意力拉回到自己身上，关注自己，养育自己。**

具体可以分成四步来进行。

步骤 1：真实的自我觉醒

无论父母属于哪种情感不成熟的类型，孩子都会有这个核心问题——掩藏真实自我。

你小时候肯定也会为了讨好父母，为了让他们开心而压抑自己的需求吧？你小时候也努力扮演过父母想要的那种小孩吧？

长时间处于这种角色塑造中的孩子，会渐渐失去对真我的觉察，因此真实的自我觉醒能让一个人真正的需求显露出来。

> 真实的自我觉醒能让一个人真正的需求显露出来。

要想了解自身真实的需求，方法很简单，从写清单开始。写下自己想要做的事，不要去过多地想父母怎么看你，同事怎么看你。如果你感觉有压力，可以先从容易实现的内容开始，写你真正喜欢的事，努力去完成它。在你去做的过程中，往往可以反向检验这是不是你真正的心之所向，通过这样的练习能够唤醒你对自己的觉知。

步骤 2：唤醒愤怒

愤怒对人来说有时是有益的，因为它能改变一个人固有的行为模式，让人知道自己的坚持是值得的。一个真实的人一定是有情绪的，体验情绪流动的状态能帮助人们解开心结，抛弃不必要的羞耻感、负罪感。

具体怎么做呢？一个在不成熟情感关系中长大的成年人，他的情绪状态是很僵化的。我们见过很多面无表情的成年人，却很少见到隐忍、坚毅的孩子。如果你认真观察小朋友，就会发现孩子的情绪是流动的，不高兴了就会立刻痛哭，痛哭结束，这种难过就非常爽快地流走了。因此，试着去做个孩子，每次在焦虑、沮丧或要为他人负责而感觉到隐隐的"不爽"时，认真体会这种感觉，及时疏解和释放情绪，可以大哭大叫，学着让情绪自然流动。

步骤 3：关注自我

把注意力拉回到自己身上，把事情分成"想做的""不想做的"和"做不到的"，然后只做想做的事，认真地把这部分的事情做好，并体验因此带来的自我满足。最重要的是不去期待别人表扬你，因为这件事是你自己想做的，跟别人没关系。你无须讨好任何人，只关注自己做了这件事高不高兴就足够了。

步骤 4：爱自己

"爱自己"这句话说起来容易，做起来真的很难。在不成熟的养育模式下，我们体会到的更多的是情感孤独，是不被认可，是低自尊，也正因为如此，欣赏自己、接纳自己对一个人的成长起着至关重要的作用。只有真正发自真心地接纳自己，才能让人格逐渐完善，并让我们从不成熟和有害的社会关系中脱离出来。

分享三个更详细的计划：独立观察、提升自己的成熟度和不再取悦他人。

计划 1：独立观察

所谓独立观察，就是别把自己当子女，并把父母只当成一个成年人（可以是你的邻居或室友）观察他们的行为模式。不要被激怒，时刻提醒自己，他只是一个你认识的人，你是观察者。

比如，找一些你心平气和的时候，像观察小朋友一样观察父母，记录他们这一天做了什么，如何做的，他们的表情是什么样的，以及他们是强硬还是宽容的。相信你很快就会察觉到他们不成熟的地方。他们拌嘴的时候也很有趣，你会发现他们攻击对方时的一些语句也像小孩子打架一样，他们并不会因为为人父母就有更高阶的处理方式。当你意识到"不成熟的父母也不过是孩子"的时候，很多心结就会解开，并真正拾起信心：我已经是成年人了，怎么会一直被"孩子"式的父母束缚住呢！

> 客观地看待你的父母可能是一件难事，因为这种感觉就像你背叛了他们。

计划 2：提升自己的成熟度

尝试去识别父母行为中不成熟的部分，提升自己的成熟度。

如果某个人总使你心烦，那么你常常会找个理由跟他保持距离。

其实，对父母也一样，不要顶撞，躲开"是非之地"，让自己平静下来，尝试去描述自己刚才情绪化的反应，这个过程会让你变得越来越客观和冷静。当你习惯性地保持"局外人"的角色，不再是一个被卷入是非之中的无助小孩时，成熟度就会随之增长。

计划3：不再取悦他人

不取悦，就是只关注事情本身带给你的感受和你对事情的判断。

首先，你要做到**只说事，不表达情绪**。比如，"我不喜欢吃苹果"就是只说事，但如果说"你干吗非逼我吃苹果，我真的很烦"，就是将事和情绪混在一起。你只需要关注自己的内心，将自己的内心想法自然流露出来，拒绝的时候说"我不要吃""我不喜欢"就可以了。

其次，**专注结果而不是关系**。比如，你不想吃苹果，然后就不吃了，这就是结果。关系则是，虽然你不想吃，但是别人已经帮你洗好了还切好了，你担心你不吃会伤别人的心。

最后，**这事说完就过去了，不要反复回顾**。你不吃，父母不高兴，念叨你，这是他们正常的反应。你只是在正常地表达你不想吃，然后你没吃，这件事就到此为止了，随后你可以走开。你需要做的不是改变父母的想法，你只是在表达"我不吃"而已。

聪明养育小贴士

在我们为人父母后，常常希望给予孩子最好的爱，却常常忍不住暴躁，或是无意识地控制孩子。我们尝试探寻原生家庭的养育方式，向儿时寻找答案，常常惊讶地发现，原来自己仍然是那个内在无助的小孩。

琳赛·吉布森（Lindsay Gibson）在《不成熟的父母》（*Adult Children of Emotionally Immature Parents*）专门研究不成熟

父母的养育模式，以及对孩子的影响。它让父母看清自己曾经受过什么伤害，并且非常明确地给出了摆脱伤害的方式，在自我疗愈的过程中实现亲子关系的良性循环。

找到原生家庭带给我们的创伤，是为了更好地修复，在养育自己的同时养育孩子。同时，也是为了更好地成长，别让不成熟的情感模式成为养育之路上最大的坑。

聪明养育小练习

思考：如果我的父母属于不成熟的父母，我将如何修复原生家庭带给我的创伤？

1. 我的父母属于_____类型的不成熟父母。

2. 给我的内心造成了比较严重的伤害的经历是：_____

3. 我会按照以下步骤走出关系阴影：

（1）真实的自我觉醒

我最想做的事情是：_____

我会这样做：_____

（2）唤醒愤怒

最近让我愤怒的一件事是：_____

我是这样应对愤怒的：_____

（3）关注自我，给事情分类，只去做我想做的事情

我想做的事情：_____

我不想做的事情：_____

我做不到的事情：_____

（4）爱自己，制订行动计划

独立观察父母不成熟的行为并识别出来：_____

提升自己的成熟度：_____

不再取悦他人：_____

不成熟的父母
[美]琳赛·吉布森

1 识别不成熟的父母类型，找到情感受伤根源

消极型父母
→ 逃避问题，从不鼓励孩子
导致：孩子失去斗志和上进心

驱动型父母
← 控制孩子，事事想为孩子做主
导致："妈宝"型的孩子，没有主见

情绪型父母
→ 情绪不稳定，在情感上绑架孩子
导致：孩子没有边界，成为父母的情绪垃圾桶

拒绝型父母
← 否定孩子，打击孩子
导致：孩子产生低自尊感

2 四类父母均会培养出情感孤独的孩子

自视掌控型
表现：外向、积极、努力
内心：焦虑、不安、低自尊；在关系中讨好，一旦得不到期望中的反馈就会非常失望愤怨
如何改变：练习求助、坦诚心意、不当别人的情绪垃圾桶

外物掌控型
表现：消极、懒散、不会处理人际关系
内心：没有主见、害怕负责、以自视为中心
如何改变：学习合作，确认自己的职责

3 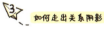 如何走出关系阴影

(1) 真实的自视觉醒
从写清单开始，练习觉察每一件事带给自己真实的感受

(2) 唤醒愤怨
不开心时及时疏解和释放情绪

(3) 关注自视
不期待别人表扬你，做自己真正"愿意做"的事

(4) 爱自己
• 独立观察父母不成熟的行为并识别出来
• 提升自己的成熟度
• 不取悦他人

03

成为孩子眼中的英雄

想一想：

○ 什么是六 A，以六 A 为原则有什么好处？

○ 如何以六 A 为原则来爱孩子？

○ 如何以六 A 为原则来管孩子？

如何成为你孩子眼中的英雄？

不知道有多少父母都曾有过这样的期待，但现实往往不尽如人意——别说是当孩子的英雄了，一番折腾下来，不跟孩子成冤家就很难得了。

我们不禁在想，到底有没有一套贴近每个家庭、适合每个孩子的"通用教育原则"？

美国著名婚姻与子女教育专家约瑟·麦道卫（Josh McDowell）博士与婚姻家庭及儿童教育注册辅导师迪克·戴依（Dick Day），在《六A的力量》一书中提出了六A原则。这是指六个积极的教育原则，即**接纳、赞赏、关爱、时间、责任和权威**。

业内研究人员通过40多年的跟踪调查发现，**根据六A原则养育的孩子，其人格的健全和个人的成功，都明显优于平均水准**。

可以说，拥有六A的力量，就拥有了成为孩子眼中英雄的力量。

六 Ａ 原则的好处

培养孩子最重要的目标，就是使他成为一个内在人格健全的人。

一个人的行为不是随机产生的，每种行为都会契合这个人的价值观；而一个人的价值观，又是由他的信念塑造出来的。也就是说，你所做的一切，都是你相信的事。那么，你相信的事是怎么来的呢？它来自你成长过程中所看到的世界。父母对于孩子来说，就是这个世界上最重要的部分，孩子在很大程度上是借由父母来认识自己的。

换句话说，**一个孩子将来的内在人格是否健全，取决于父母与其建立亲密关系的方式。**

最常见的亲子关系有四种，分别是：**强权式、溺爱式、忽略式和成长式。**

强权式是以打压、约束、强迫和控制作为教育路径。这类父母最喜欢跟孩子说不，很少表达肯定和爱，以"让孩子听话"为教育目标。在这种养育方式下长大的孩子，很容易内心压抑、充满愤怒，难以与他人建立正常的社交关系。

溺爱式与强权式相反，父母以为对孩子百依百顺就可以给他们安全感，所以对孩子提出的要求没有任何甄别，只是一味地迎合。在这种养育方式下长大的孩子，基本上没有规则意识，没有边界，总是一再试探别人的底线，做出各种出格的事。

忽略式对孩子的伤害更大。父母不爱也不管，不去关注孩子的情绪，也不去在意孩子的近况。在这种状态下长大的孩子很可能会变得抑郁，严重的还会形成反社会人格。

因此，我们显然更需要最后一种**成长式**的亲子关系——**既有无条**

件的爱，也有正确的教育；既有自由，也有边界，这是一种平衡和成熟的关系。这种关系的全部内容，恰恰就是六 A 原则的核心：接纳、赞赏、关爱、时间、责任和权威。六 A 的能量是巨大的，它涵盖了"自由的爱"和"有边界的规则"这两方面的内容。

> **既有自由，也有边界，才是一种平衡和成熟的关系。**

六 A 原则的运用

运用六 A 原则时，要特别注意的是，**一定要按顺序进行**。因为六 A 原则的每一项都是有因果关系的，所以父母需要按照步骤循序渐进。只要拆解一下六 A 你就会发现，这一系列教育原则都是符合孩子心理发展路径的。这很像盖房子，从基础建设一直到上层建筑：

- 接纳是房子的地基，它为孩子提供安全和信任感，是所有亲密关系的基础；
- 赞赏是地板，它给孩子提供舒适感，帮助孩子建立自信；
- 关爱和时间是房子的墙体，环绕着孩子，为他遮蔽风雨；
- 责任和权威是房子的屋顶，它要由前面所有的东西来支撑。

麦道卫给出了两个重要的公式：

亲密关系 + 管教 = 信服

恶劣关系 + 管教 = 叛逆

也就是说，**前面四个 A，是在帮助我们建立亲密关系**，从而支撑后面的两个 A。

第一个 A：接纳

接纳，意味着要向孩子表达："无论你做出了什么行为，无论你犯了多大的错，我们的爱都永远不会离开。"

有人可能会问："难道他去偷去抢，我也要告诉他，我爱他吗？"

这是一个极大的误区。

被真爱包裹的孩子，压根就做不出你担心的那些事。而接纳就是无条件的爱，就是不把爱与孩子的具体行为挂钩。

比如，孩子考试失败，你通常会有什么反应？是愁眉不展，还是暴跳如雷？这两种状态，都会让孩子得到一个信息：只有考得好，我才是值得被爱的；所以下次我要用更高的分数去赢得爸爸妈妈的爱。

接纳的父母会怎么做呢？他们会坦诚地告诉孩子："你没有考好，我的确感到不是很开心。不过，这并不影响我爱你，你仍然是我的宝贝。"这样的反应就是在告诉孩子，我的爱不会离开，你这件事做得不太好，和我爱你并不冲突，也没什么关联。

可惜，绝大多数父母从来不肯这样表达，因为害怕孩子会因此恃宠而骄，会故意做出冒犯自己的事。

然而，事实恰恰相反：**只有在无条件的爱中浸泡过的生命，才会懂得爱人，才不会去冒犯和破坏。**

> **只有在无条件的爱中浸泡过的生命，才会懂得爱人，才不会去冒犯和破坏。**

第二个 A：赞赏

赞赏是一剂强心针，其用量是关键——用得好会对孩子大有裨益，但使用过度也存在很大的风险。举个例子：

　　有个小孩学画画，每画几笔就跑去给爸妈看。父母对此大加赞赏，大力夸赞："你好棒啊，太聪明了，怎么画得这么好！"孩子自然很高兴，蹦蹦跳跳地回去再画几笔，又拿过来展示。周而复始几次之后，孩子则开始捣乱，故意把画面涂得很脏，再拿给父母看。没想到，得到的答复仍然是："你好棒，真厉害！"渐渐地，孩子就开始抵触画画了。

　　这是为什么呢？

　　因为孩子最初其实只想让父母看看，提提建议，可是父母大加赞赏，这让孩子很困惑，不知自己因为什么被夸；同时又担心，万一自己没有那么棒，以后是不是就不会再被夸了。于是，他故意乱添几笔后拿过来试探，却发现即使他乱弄，父母也会夸他很厉害。那他就知道了，父母只是在敷衍他。这样一来，原本很有趣的绘画就变成了折磨，他就不愿意再画了。

　　这就是很多父母容易在赞赏上犯的错误，以为只要夸就行了，结果却变成了"捧杀"。

　　分享两个正确赞赏的小技巧。

技巧1：把孩子的每个闪光点具象化

　　比如："我喜欢你这两种颜色的搭配。""我觉得这条线画得很直。"

　　这样，能让孩子对什么是"好"有更为具体的理解。

技巧2：夸态度不夸结果

　　比如："刚才在你画画的时候，没有闹着要看动画片，而是特别认真和专注，我太喜欢你那个样子了！"

通过这种赞赏让孩子意识到专注和认真这种品质才是最棒的。

第三个 A：关爱

这是一个非常重要的建议，甚至可以说是给你的家庭作业，那就是——去关爱你的伴侣。爱孩子最好的方式，就是让他生活在充满爱的环境里，感受爱的自然流动。而彼此相爱的父母，正是提供这一养料的最佳人选。

> 爱孩子最好的方式，就是让他生活在充满爱的环境里，感受爱的自然流动。

有一次，麦道卫的妻子和女儿发生了冲突。女儿冲着妈妈大喊大叫，麦道卫走过去跟小姑娘说："宝贝，也许你可以用这样的态度对妈妈；但是，你不能用这样的态度对我的妻子。"

孩子从这里接收到的信号将是：**被爱是一件多么有安全感的事情啊！** 而这样的家庭，对孩子的婚姻观也无疑有着非常强烈的正向引导和示范作用。

那么，如果是单亲家庭该怎么办呢？

请相信，正确的养育方式是可以突破家庭模式的。

单亲家庭的父母，只需要关注这两点：

- 不要在孩子面前说另一方的坏话，不要把怨气传递给孩子；
- 自己就是一个队伍。即要想让孩子感受到爱意流动，就把自己当成自己的另一半，接纳自己、爱自己，关注自己的兴趣和爱好。

其实，父母把自己活好了，孩子就会照着父母的样子变得越来强大。

第四个 A：时间

一个人爱你多还是少，拿什么来衡量？

我的答案是，时间，而且是优质时间。

你有没有特别热爱的一件事，比如厨艺、种花或运动？

请你算一下，你在这件事上是不是花费了比其他很多事都要多、也更用心的时间？

同样地，**在教育过程中时间的投入是不容忽视的**。孩子的成长不可逆，比起玩具和零用钱，父母到底有多少时间的陪伴才是孩子真正在意的。

> **爱的城堡，是由时间构筑而成的。**

第五个 A：责任

爱和自由，绝不是没有边界的任意妄为。当孩子没有边界时，他的内心是非常迷茫和困惑的，反而无法得到自由。要让他们懂规矩、有边界，就需要培养他们的责任感，分享两个步骤。

步骤 1：明确分工，邀请参与，绝不评判

父母往往会想当然地认为，孩子还小，什么都不会，于是就习惯性地大包大揽，总想着等孩子长大了再学也不晚。但是习惯一旦形成，孩子就会以为，事情原本就该如此。

因此，要让孩子有责任心，就得从小让他有参与感。

其实，有不少家务，即使是很小的孩子也能参与。比如，晚饭

后，大家分工，大宝负责把筷子洗干净，小宝负责把桌子擦干净，爸妈负责洗碗和扫地。等孩子大一点，就可以更多地邀请孩子参与家里的决定：小到周末去哪里聚餐，大到这次装修房子要用什么颜色的壁纸……对于这些，都可以听听孩子的意见，甚至可以全家投票决定。

在这个过程中要注意的是，不要评判孩子，不要说他做得不好、选得难看。要想培养孩子的责任感，就要给他权力，二者是并存的。

步骤 2：明确底线，坚守边界

很多时候，孩子的越界行为是因为他的认知能力有限。孩子起初会认为自己与父母是一体的，所以在他看来，父母就应该懂他，就应该全心全意为他。这是因为孩子心智发育不成熟造成了认知偏差，属于正常现象，但也需要大人去引导。

你必须先明确自己的底线，比如告诉孩子："进妈妈房间是要敲门的，因为这是我的地方。"在你设定了这个界线后就要坚持，如果孩子没有敲门，就要坚定而礼貌地请他出去，让他重新敲一次。同时也要注意，你立了这个规则，自己也要遵守——你进孩子的房间，也是要敲门的。如果孩子说不要进来，那就不要进去。

"坚守边界"不仅仅是要守住自己的领土，还要守住"总想越到别人领土去看看"的心情。

> **孩子不会对规矩积极响应，只会对良好关系积极响应。**

第六个 A：权威

权威是指所有的教育都需要有严格管教的态度，父母要做孩子的精神领袖。然而，在树立权威的过程中，不少父母会走偏，会滥用权威的力量。

权威型父母可细化为四种类型：**批评型、受害型、拯救型、建造型**。

批评者型的父母会没完没了地数落孩子，一点小事也要念叨很多天。孩子好像怎么做都不对，哪怕做对了也要被责备"别刚好几天，你就骄傲得翘尾巴"。这样的父母会给孩子非常大的压力，也会让孩子对自我的评价非常低。

受害者型的父母，他们彼此的关系往往很差，什么事都怪别人，认为自己毫无责任。比如，有的妈妈会说："要不是因为你，我早就跟你爸离婚了，你还不听我的话，是不是想气死我？"像这种连坐、迁怒的态度，非但没有任何权威性可言，还会给孩子的心理造成极大的创伤。

拯救者型的父母没有界线感，没有做到第五个 A，会简单粗暴地认为"我说什么你听着就行了"。结果就是，跳过责任感环节去控制孩子。这样的父母教出来的孩子，要么就是"妈宝"，要么就是拼命地反抗和叛逆。

只有**建造者型**的父母，才是真正值得推崇的权威型父母。他们善于发现存在的问题，并愿意和孩子共同探讨与解决问题。要想成为建造者型的父母，需要注意以下两个要点。

要点 1：让孩子体验直接后果

如果孩子确实做错了一件事，你想纠正他的行为，那么请记住用直接后果来教育孩子。直接后果就是"你不吃饭，你会饿"，而不是"你不吃饭，就不能看动画片"——这两者之间没有关联，也构不成因果关系。

你可以明确地告诉孩子："中午 12 点吃饭，1 点结束吃饭，到下午 5 点之前没有饭。所以，在 1 点之前你都可以来吃，如果不吃就要饿到

5 点。"接着，让孩子自己选择。选择的权力给了他，他就自己背起了这件事的责任，你的权威性就自然而然地建立起来了。

要点 2：请孩子帮忙监督你

这样做，既有利于了解孩子的想法，也有利于看到自己的问题。有时候我们会忍不住越界，所以可以提前和孩子说好："你有权守住你的领土，如果妈妈的情绪不好，做了让你认为越界的事，你可以提醒我和管我。"

这样一来，我们会越来越清楚孩子的界线在哪里，我们的管教对孩子而言也会越来越有分量。

养育孩子，成为他眼里的英雄，其实并不需要我们去做什么轰轰烈烈的大事；只需要在每一天平凡的生活中，永远不放弃用正确的方式去爱他、呵护他、接纳他。

> **孩子现在在我们身上看到的，将来我们也会在他们身上看到。**

聪明养育小贴士

父母养育孩子，关注的通常是身体是否健康、成绩是否优异，但我们往往会忽略一个重要问题：孩子的人格是否健全？在孩子的眼里，父母是什么？

麦道卫的建议是，成为孩子的英雄。不过，英雄不需要多么英勇善战，只需要在每一次孩子需要的时候，提供最大的支持、最好的指引。

一个人与世界的相处模式，就是他与父母的相处模式。运用六 A 原则，为如何爱孩子、如何管孩子，搭建起一栋坚实的建筑物。在这种原则下成长起来的孩子，会拥有强大的内心和坚韧的灵魂。

拥有六Ａ的力量，既能培养更好的孩子，也能成就更好的自己。

聪明养育小练习

思考：如何运用六Ａ原则，成为孩子眼里的英雄？

1. 我认为我和孩子的亲子关系属于 _____ 类型。

2. 我希望成为成长式父母，我会按照以下步骤练习。

（1）接纳

我会对孩子说：_____

（2）赞赏

我会对孩子说：_____

（3）关爱

我会这样做：_____

（4）时间

我会这样安排时间：_____

（5）责任

我会这样做：_____

（6）权威

我会这样做：_____

六A的力量

[美] 约翰·麦道卫 /
迪克·戴依

1 六A原则有什么好处

父母与孩子最常见的四种关系

强权式

溺爱式

忽略式

成长式

作者推崇成长式的关系，
即常常运用六A原则。

2 如何运用六A原则

接纳
给孩子无条件的爱

赞赏
专态度不专结果

关爱
创造充满爱的环境

时间
给孩子高质量的陪伴

责任
邀请孩子参与家庭分工

权威
让孩子体验直接后果

接纳不完美的自己

想一想:

- ∽ 为什么要接纳孩子?
- ∽ 如何做到接纳孩子?
- ∽ 什么是接纳自己?
- ∽ 如何做到接纳自己?

在这个瞬息万变的时代，这代父母可以说是历史上最为努力的一代了：努力地阅读很多的育儿书籍，听许多的育儿分享，努力地做完美的父母，正确地、科学地育儿，希望培养出优秀的孩子。

不过，在这里我更想传达另外一种声音：**不需要变成一个完美的父母，试着去接纳自己的不完美。**

父母首先要接纳不完美的自己，然后才有力量接纳真实、不完美的孩子，从而与孩子建立亲密的亲子关系，让孩子成长为更好的自己。

> **世界上没有完美的孩子，更没有完美的父母。**

接纳孩子

所谓接纳孩子，就是让孩子感受到你的爱是完整的，而不是你只喜欢他的某些方面。你愿意倾听他的内心，理解他的情绪和感受，他就不会担心被你拒绝和否定。接纳是建立良好亲子关系的第一步，然后才有真正的养育。

在我们谈论接纳孩子的时候，指的是以下两个方面：

- 接纳孩子的成长规律和独特的个性特点；
- 接纳孩子的情绪。

人本主义学家卡尔·罗杰斯（Carl Rogers）创立了当事人中心疗法（又称来访者中心疗法），他的核心理念就是无条件地接纳当事人的情绪。

要想无条件地接纳一个人的情绪，需要我们先放下自己的价值判断，走进这个人的内心，愿意去倾听和了解他，接纳他作为一个人所拥有的全部情绪和感受。要想做到这一点很难，因为我们非常容易把自己的观念和价值判断加诸别人身上。这一点在父母面对孩子时表现得更为明显。

举一个情景对话的例子。

孩子："妈妈，我害怕小狗！"

妈妈："小狗有什么可怕的，别怕，你可是男子汉啊！"

当孩子对妈妈说"我害怕小狗"时，妈妈看到孩子胆小，觉得他与自己脑中勇敢、自信的理想小孩不一致，因此她在这一刻是不接纳眼前这个真实而胆小的孩子的。在焦虑的驱使下，她想去塑造一个理想的孩子，于是妈妈的回应是："小狗有什么可怕的，别怕，你可是男子汉啊！"**一旦父母把自己的观念和价值判断放在孩子身上，就很难看到孩子的情绪，更难以接纳孩子的情绪了。**

为什么接纳孩子的情绪很重要？因为不被接纳的情绪会激发负向的保护策略。还是以上述孩子害怕小狗的例子来说，当妈妈说完"小狗有什么可怕的，别怕，你可是男子汉啊"后，孩子接收到的信息可能是：妈妈不爱胆小的我，胆小不好，我是个胆小的、不会被妈妈爱的孩子。

　　没有爱，尤其是没有妈妈的爱，对孩子而言将是非常可怕的。孩子为了重新获得爱，可能会采取两种策略：一种是压抑自己的恐惧，不接纳自己的感受，尽量表现出妈妈希望的样子。他可能会说："妈妈，我是男子汉，我不怕！"这时，妈妈的焦虑被治好了，但这会使孩子回避自己的体验和感受，他会朝着妈妈脑海中那个理想的小孩改变，而不是他真实的自己了。

　　另一种表现是夸大自己的恐惧。孩子的心理过程可能是这样的：我很害怕，但妈妈觉得我的害怕是不应该的，她不会保护我，可我还是觉得处境很危险，因此我需要努力让妈妈看到我是真的很怕；当我需要保护时，我不确定妈妈是否会保护我，我需要试探后才能安心。于是，孩子可能会哭喊，并表现出更加害怕的样子："我怕！我怕！我就是怕啊，妈妈！"

　　因此，要想让孩子做自己，父母就需要真正地看到并接纳孩子的情绪。婴幼儿自身有大量无法忍受和无法处理的原始情绪，这些情绪很容易使他们瞬间陷入崩溃状态，他们需要不断借助成人去学习容忍并处理消极情绪。婴幼儿需要把这些消极情绪扔出去，并找人处理掉，这个人天然地就是他的母亲。

> 　　优秀孩子的背后，只不过是幸运地遇到了可以完整接纳自己的父母罢了。

　　具体需要如何做呢？可以从以下两方面入手。

带着好奇心走进孩子的内心，去察觉孩子的情绪

　　比如，几个孩子在一起玩得正开心，忽然一个小朋友很郁闷地走到

妈妈身边说："妈妈，我不想在这儿玩了，我要回家。"妈妈很可能会感到疑惑："为什么不想玩了？你们是好朋友呀，刚刚不是玩得很开心吗？"如果这么问孩子，孩子很可能说不出原因，而且还会一直嘟囔："我就要回家！我不想和他们当好朋友了！我就是不想玩了！"

反过来，如果能带着好奇心去主动察觉孩子的情绪，很可能就会不一样了。比如这样问："妈妈看到你走过来时好像很不开心，你是不是生气了？"孩子点点头，然后可以接着问："能不能跟妈妈说说刚才发生了什么事？"孩子说："因为他们不让我玩那个小汽车，我再也不想和他们一起玩了。"妈妈说："哦，你觉得他们不应该这样做，所以很生气，是吧？"这样的提问就是看到了孩子的情绪，并接纳了孩子的情绪。

孩子的行为和语言只是他的一小部分，如同冰山上的一角，他的行为和语言不代表他的全部，他有着更丰富的内心世界，就像水面以下的冰山一样。如果我们把孩子的行为、语言或情绪看作孩子内心世界的一种信息，就更可能放下头脑中的诸多评判，带着更多的好奇，走进孩子的内心世界，给孩子更多的心理支持。

> **不含敌意的坚决，不带诱惑的深情。**

当孩子有消极情绪时，给孩子做"情绪消毒"

"情绪消毒"是指母亲对婴幼儿难以处理的情绪进行"接纳-加工处理-返还给孩子"的过程，就像是给有害的东西消毒。在这个过程中，父母需要帮助孩子诉说情绪，让情绪变得有序、可忍受。

分享一个案例。

有一天，孩子把他心爱的奥特曼面具弄坏了，他靠在妈妈身上，又生气又伤心地哭着说："我的面具坏了！"那种感觉像是天塌下来一样。然后，孩子就对着妈妈发脾气，好像是妈妈把他的玩具弄坏了一样。这时候，妈妈抱着孩子问："你因为不小心弄坏了心爱的奥特曼面具而感到很伤心，而且你还对自己很生气，是吗？"孩子听完，忽然张大了嘴，更伤心地大哭了起来——这是一种被理解的哭，也是一种修复的哭。这样哭了一会儿后，孩子的情绪平复了下来，妈妈带着他一起想办法修补面具。修好后，孩子戴着面具又开心地玩了起来。

这就是"情绪消毒"过程。这个过程意味着把混乱的、不可忍受的情绪变成有序的、可以忍受的情绪。这样的过程反复进行，最终形成儿童内心相对稳定的心理结构。

> 当孩子遇到挫折、失败的时候，给他打击最大的并非挫折、失败本身，而是因为挫折、失败而感受到的父母的不接纳。

接纳不完美的自己

做妈妈通常有的三个境界：自然本初妈妈、完美主义妈妈，以及真实完整的妈妈。

第一是**自然本初妈妈**，处于这个境界的妈妈的特点是，不知道自己不知道，无意识，不学习，少纠结。这类妈妈对于养育孩子几乎没有自觉学习的意识，觉得养儿育女对于女人来说就像吃饭、睡觉一样自然，几乎没有想过诸如"我对孩子会有什么影响，我应该怎样培养孩子"等问题，也从来不觉得这些是问题。当然了，我相信正在看这本书的妈妈们肯定不属于这类妈妈。

第二是**完美主义妈妈**，处于这个境界的妈妈的特点是，我认为我知道，有意识，爱学习，多纠结、焦虑，多自责、内疚。这类妈妈会主动投入大量的时间和精力来养育孩子，努力学习各种育儿理念和育儿知识。不过，她们常常因为太多的恐惧焦虑、过分的纠结，容易变得失去自我。这也是很多追求完美主义的妈妈非常努力和辛苦，孩子却未能达到其要求的原因。

第三是**真实完整的妈妈**，达到这个境界的妈妈的特点是，我知道我有限，有意识，爱学习，少纠结，多接纳，多享受。这类妈妈能够明白，在育儿过程中，与拥有多少育儿知识相比，更重要的是妈妈的状态。妈妈只要在不断地自我成长，即使做得不完美，也能够接纳真实的自己，享受做妈妈的快乐。即使自己有时会烦躁，应对孩子的方式有些欠妥当，她们也能告诉自己："我不过是个普通人，而且孩子没有那么脆弱，放松点儿。"当妈妈能够喜欢真实而不完美的自己时，对孩子的影响自然会转到良性的轨道上来。

第三个境界是我们真正所倡导的——**接纳不完美的自己，做真实完整的父母**。一旦父母能够接纳自己，焦虑和恐惧就会减少很多，也会减少对孩子的控制，从而更能接纳孩子的不完美，看到孩子自身的力量。

为什么说父母接纳不完美的自己是必要的呢？

原因1：接纳自己才能看到真实的孩子，成就孩子

萨提亚模式创始人萨提亚女士用罐子里的状态来比喻自我价值感的高低。这个比喻的意思是，个体的自我价值感越高，其内在罐子相对越满，内心越满足，行为可能会越自在，越具有创造性，对周围人会有越多自然的爱的表达；内在罐子越是不满，个体越是不愿意面对，就越会把内心的消极感受和想法投射向外界，从而创造一个不满意的外部环境。

因此，当你和孩子在一起的时候，要常常问自己："我的自我价值感的罐子处于什么状态？"如果你的罐子不充盈，你可能就会不自觉地从孩子的价值感罐子里吸取能量来装满自己；如果你的罐子是充盈的，就能够给予孩子更多的爱，而更少基于焦虑对孩子进行控制。

> 如果父母拒绝看到自己的内在，只把眼睛放在孩子身上，就不可能获得真正的育儿之道。

原因 2：父母不接纳的部分，孩子会帮父母呈现出来

一般而言，越是爱生气的父母，越不允许孩子生气；越是胆小的父母，越要求孩子勇敢；越是自私的父母，越要求孩子对自己无私付出；越是内心脆弱的父母，越不允许孩子表现出脆弱……反过来，**越是接纳真实的自己、自信平和的父母，越能接纳孩子的挫折和脆弱。**

比如，看到孩子想和别的小朋友玩但被拒绝了，妈妈觉得无法接受被拒绝，所以很担心孩子的内心受伤，她希望孩子对此不在乎。她的焦虑让她必须做点什么，于是她可能会对孩子说："宝贝，别难过啊，妈妈抱抱，他不喜欢你，妈妈喜欢你。"

被拒绝的确会让人不舒服，但实际上可以有许多解释的。这个妈妈的反应很可能会给孩子传递这样的信息："被人拒绝是无法接受的，是可怜的，是应该难过的。"在这个过程中，孩子的情绪和想法被塑造了起来，孩子会感觉很委屈、很受伤，他觉得自己不可爱，不被同伴喜欢。经过多次类似的强化后，孩子很可能会因为担心再次被拒绝而变得不再主动，也觉得自己不可爱，从而跟同伴越来越疏远。这样一来，妈妈害怕的事情最终应验了。

如何接纳不完美的自己

要想接纳不完美的自己，具体该怎么做呢？可以分为以下三个步骤。

步骤 1：父母需要觉察自己的内在小孩

简言之，就是父母在养育过程中需要不断地反思，自己不能接受的孩子行为问题到底是自己的问题还是孩子的问题。

有一次，我从幼儿园接孩子回家的路上，他兴奋地告诉我："我们建了一个'闪电大队'，我是副队长！"我当时的第一反应是问他："副队长？为什么不是大队长呀？"

事后反思，当时我的反应是因为自己内在小孩的需求：要获得第一名，要通过成功获得存在感和价值感。虽然我在意识层面认为自己不在乎排名，也不希望孩子将来被第一名所累，但在生活中，那个内在小孩会常常蹦出来，体现了自己潜意识中的想法。因此，我们需要觉察自己的内在小孩。

步骤 2：不要抗拒"坏"的一面

儿童成长过程中需要适度的挫折，儿童需要妈妈适度的"坏"。为人父母，尤其是妈妈们，都经历过这样的过程：孩子在刚出生时，我们全身心地扑在了孩子身上。随着孩子慢慢长大，我们从对孩子全情投入的状态，逐渐变得对孩子以外的世界感兴趣。这时，对孩子的回应和照顾就不会像孩子小时候那么周到了，有时也会忽略甚至直接拒绝孩子的需求。这些对于孩子而言，就变成了"坏"妈妈的一部分。许多"好"妈妈害怕接受这一部分，会通过尽力满足、顺从、哄骗等方式暂时满足孩子的需求，以避免让孩子体验"坏"妈妈的感觉。这实际上会导致孩子无法看到他人的需要，也无法接纳他人与自己的不同，从而阻碍孩子心理的正常发展。从这个意义上讲，这也是咱们中国古话说的"慈母多败儿"背后的逻辑。

步骤3：尊重并接纳自己的情绪

在与孩子相处时，我们难免也会发脾气，对此，我们应该接受这个事实：**我们有权生气，不必对此感到内疚或羞愧**。频繁的大吼大叫诚然不是好的教育方式，只不过，在为人父母的这场修行中，我们确实无法一步跨到终点。因此，在这一点上，也需要接纳我们自己的不完美。

聪明养育小贴士

父母在向孩子表达爱时，不要让孩子觉得这份爱带有诱惑和要挟的意味。孩子的成长过程是一幅逐渐展开的画卷，需要耐心等待他不一样的表现。

聪明养育小练习

情景再现：孩子和我说，他在这次考试中考得不好。

1. 我对这件事有什么反应？

我的情绪是：

我心中产生的第一个念头是：

我的内在小孩告诉我什么：

2. 如何接纳我"坏"的一面？

3. 如何尊重并接纳我的情绪？

我实际的反应是：

如果我实在控制不住想要发火，事后我想告诉自己的是：

接纳孩子，接纳不完美的自己
[中]侯瑞鹤

1 接纳孩子

(1) 什么是接纳孩子

(2) 接纳孩子的什么
- 成长规律和个性特点
- 孩子的情绪

(3) 具体如何做
- 带着好奇心走进孩子内心，察觉情绪
- 给孩子做"情绪消毒"

2 接纳自己

(1) 什么是接纳自己
- 自然本初妈妈
- 完美主义妈妈
- 真实完整的妈妈

(2) 接纳自己的什么

(3) 具体如何做
- 觉察自己的内在小孩
- 不畏抗拒"坏"的一面
- 尊重自己的情绪

05

是父母，更是你自己

想一想：

ભ 如何探究愤怒背后的根源？

ભ 如何在愤怒的反思中找回自我？

ભ 如何在亲密关系中实现真正的独立？

愤怒是一种非常常见的情绪，我们会因为很多事情愤怒。不过，亲密关系中的愤怒会比较特别一些，它往往不是表面上看起来那么简单，常常不仅是因为一件具体的事情，背后还可能藏着一些连我们自己都没有意识到的、深层次的根源。

很多人维护亲密关系的代价，往往是失去自我。特别是很多女性，当她们对一段关系产生不满时，可能会选择克制和压抑。在面对父母或伴侣乃至整个家庭时，她们会自愿放弃很多权力，甚至会委曲求全，从而成为传统舆论里的"好女儿、好妻子、好母亲"——唯独没有成为好的自己。而这种压抑的状态会不断地积攒愤怒，最后要么因为憋闷太久而伤害自己，要么会爆发伤害别人。

心理学家哈丽特·勒纳（Harriet Lerner）在《愤怒之舞》（*The Dance of Anger*）一书中这样形容这种现状：**愤怒与爱意之所以纠缠，是因为我们在"拥有关系"和"拥有自我"之间左右为难。**

她使用了一个很有趣的比喻，将我们与他人的关系比作圆舞曲——我们是圆舞曲中的领舞者，伴侣、孩子、朋友、同事等其他人都是我们的舞伴。在"情绪表达"这场舞会里，我们需要让积极的情绪流动起来，让舞蹈变得和谐快乐，而不是被愤怒的情绪带动着重复转圈。

在本章中，我想与大家分享两个故事。

芭芭拉和丈夫

芭芭拉和丈夫在结婚前很相爱，婚后则发现越来越难相处。

芭芭拉是家庭主妇，每天待在家里整理家务，照顾两个孩子。此外，她还要照顾双方的父母，处理许多亲戚间的琐事。丈夫独自在外打拼，是这一大家子的经济支柱。为了能给家人更好的生活，他把大量的时间和精力花在工作上。

这是很多家庭主妇比较常见的情况——在生活中，有许多事都不是妻子一个人就能搞定的：芭芭拉的丈夫总不在家，孩子们常常哭喊着要爸爸陪他们玩；由于很难抽出足够时间去探望父母，芭芭拉的公婆会埋怨芭芭拉不懂事……无法处理这一切的芭芭拉，每天都在等待丈夫回家，然后将这些事一件一件地向丈夫倾诉。

可丈夫却觉得这些事太过琐碎，芭芭拉日复一日的抱怨让他觉得很累，也让他觉得妻子一点儿都不理解自己的辛苦；芭芭拉则认为，自己为家庭付出这么多，丈夫却一点儿都不体谅她。两个人陷入了情感矛盾，芭芭拉越想向丈夫说明自己的愤怒，丈夫就越无法理解芭芭拉的立场，继而引发激烈的争吵。

后来，芭芭拉觉得自己无法消化这些情绪，迫切想参加心理工作坊并寻求家庭心理咨询师的帮助。然而，当她向丈夫提出这个诉求时，却被丈夫毫不犹豫地拒绝了，他还生气地说："这种工作坊毫无意义！既浪费时间又浪费钱！我看你就是受了别人的蛊惑，才变得这样愤怒又不可理喻！"于是，芭芭拉不得不放弃了参加工作坊的决定；然后向丈夫哭泣着大吼，发泄她的愤怒。

你明白芭芭拉到底在愤怒什么吗？是因丈夫总是不在家、不照顾孩子而愤怒吗？是因为丈夫不体谅自己的辛苦，还嫌她抱怨而愤怒吗？还是因为丈夫不尊重她的决定，不考虑她的感受而愤怒吗？其实都不尽然。**芭芭拉愤怒的真正源头，是她无法掌控自己的决定。**

你可能感到奇怪：芭芭拉想去参加工作坊就去嘛，为什么丈夫不同意她就不去了呢？因为，这就是芭芭拉目前真正的困境——为了维持夫妻关系和家庭和谐，她主动交出了自己的决定权，并一直在妥协与退让。一方面，她一直在尽可能满足丈夫的期待，扮演这个家需要她担任的各种角色；另一方面，她又把所有的情绪出口放在根本不理解她的丈夫身上……直到最后她才发现，她已经快要失去自己本来拥有的权力了。

像芭芭拉这种过分妥协于外界压力的状态，被称为自我弱化。而这种自我弱化，一定会造成婚姻中的不平衡。这有点儿像跷跷板，夫妻双方在跷跷板的两端。如果妻子日益软弱、依赖、顺从，丈夫就会在某种程度上克制自己与妻子类似的特点，从而变得更强势、更有掌控欲。在互动中，双方会在不自觉中不断地强化彼此的行为：强势的一方，会越来越不愿表达自己的需求和脆弱；弱势的一方，则会表达得越来越多。

> **自我弱化会造成婚姻中的不平衡。**

显然，芭芭拉在婚姻中就是处于跷跷板低处的人。这样看来，他们的婚姻出现问题，是她丈夫一个人的问题吗？丈夫的强势，是因为不爱她、不在乎她吗？不是的，这种不平衡的状态，是由他们两个人共同造成的。

从本质上来说，丈夫同样对芭芭拉有很深的依赖。只不过，他习惯了处在跷跷板的高处，习惯了芭芭拉把所有的决定权都交给他。他在潜意识里一直都把芭芭拉当作自己的妻子、孩子的母亲，而没有想过她也是一个独立的人。所以，当芭芭拉突然做出改变时，他会由于感觉失去掌控权而不自觉地进行反击。他阻止芭芭拉去参加工作坊，是因为他在害怕，他害怕原本的状态被打破，也害怕会影响两个人的关系；但他的表现方式，却是在攻击芭芭拉。

这里就涉及亲密关系中的"伪问题"的概念，这是无效争吵中的典型问题。

> 亲密关系中的伪问题，是无效争吵中的典型问题。

什么是伪问题？就是那些表面上看起来很严重，实际上却掩盖了真相的"不是问题的问题"。

比如，妻子责备丈夫说："你总是忽视儿子，我对此感到非常生气。你这个做父亲的，从来都没怎么陪过他！"这就是个伪问题，真正的问题其实是："我觉得我们被你忽视了，你陪我们的时间太少，我很生气。"

再比如，丈夫对准备去工作的妻子说："我不是不赞同你去工作，而是孩子们需要你，我不想看到孩子和家务都没人管。"这也是个伪问题，真正的问题其实是："你的变化让我感到担心、害怕。我不知道你的工作会不会影响我们的关系；而你对新工作的热情，会让我对自己现在的工作状态感到不满。"

又比如，妻子对丈夫抱怨说："婆婆快要把我逼疯了，她的控制欲怎么那么强，她似乎把你当成半个儿子和半个老公。"这个伪问题背后，真正的问题其实是："我希望你能明确你的态度，对你的母亲果决一点儿。我搞不清楚你最重要的感情投入到底是要给我还是给她。"

生活中有太多太多的争吵，其实都一直停留在伪问题上。正因为如此，才会不管吵多少次，问题都得不到解决。

要改变这一切，就得面对内心真正的问题。

对于芭芭拉来说，她需要做的**第一步是，面对自己愤怒的根源，先拿回自己的决定权。**

她的治疗师建议她，可以对丈夫这么说："我知道你觉得这个工作坊不值得花钱，我尊重你的想法。但我是成年人，应该自己做决定。我并不指望你认可它，也不指望你鼓励我参加，但应该由我自己决定是去还是不去。"

如果丈夫又用家务和孩子的借口来挽留她，那么她可以请父母过来帮一天忙，或是雇一个人来处理这一天的事务。很多事情都不是没有解决办法的，重点在于，你是否真的想要改变。

可想而知，芭芭拉拿回决定权后，她的丈夫会有多么恐慌。这个时候，她要做的**第二步是，主动分享自己的感受。**之前芭芭拉虽然经常抱怨，但其实从来都没有讲清楚她的感受，所以她在这次跟丈夫理性地诉说自己在这段关系中的焦虑。她告诉丈夫，当孩子吵闹着要爸爸，当公婆指责她不懂事时，她感到十分无助，不知道自己可以怎么做；而且结婚之后，自己越来越与社会脱节，失去了很多婚前的朋友，也没有建立新的社交，所以觉得自己特别没有价值……她感觉自己除了丈夫就无依无靠，可偏偏丈夫又不能理解她。因此，她希望参加心理工作坊并向家庭心理咨询师寻求帮助，希望通过一些改变让自己好起来。

在她把这些心声向丈夫全部倾诉出来后，丈夫感到很惊讶，因为这全是他之前从没有想到过的。亲密关系有时候真的很难说，即使是与你朝夕相处的最亲近的人，也可能对你的感受与需求一无所知。当然，这里面可能既有对方的疏忽，也有你的责任。

在听完芭芭拉的讲述后，她的丈夫反倒松了一口气。因为他明确了，芭芭拉并不是想离开他；同时，也让他开始反思自己在这段关系中有什么问题。

芭芭拉进行的**最后一步是，将更多的精力投入自身发展**。芭芭拉把更多的家务留给了专业的家政人员；一有闲暇就去上课，这让丈夫多出不少和孩子独处的时间。到了周末，她还提出与丈夫外出约会，这是他们婚前的习惯。

你们猜怎么样？两个人的关系并不像当初设想的那样变得冷漠疏离，反而焕发了新的活力。芭芭拉的丈夫也再次回忆起最初对芭芭拉心动的原因——她活泼灵动、充满自信，他本来爱的就是这个独立完整的芭芭拉啊！

玛吉和母亲

接下来是一个关于在亲子关系中找回自我的故事。

玛吉的父母在几年前离婚了。随后玛吉结了婚，从加利福尼亚搬到了堪萨斯，和母亲隔了差不多半个美国的距离。因此，玛吉每年都会邀请母亲过来玩，可每次才来两三天玛吉就会愤怒和沮丧——她和母亲很难共处，即使已经建立了新的家庭，她们的关系依旧非常糟糕。

比如，她和丈夫精心为母亲准备了丰盛的晚餐，母亲却抱怨菜做得太多了；吃完饭后她正在洗碗，母亲却走进来责怪厨房太乱；她想根据孩子的需要喂奶，母亲却坚持让她定时喂奶……而对于母亲这些苛责和干涉，玛吉从不当面回应——从小就是这样。只有等母亲离开后，她才会愤愤不平地发一通脾气。她一次次地陷于生闷气、发脾气和疏远母亲的循环中。

当问她为何要一直保持沉默时，她找了很多理由："我不能那样回答她，她是不会听进去的。""我都试了成百上千次了，完全没有用！""如果我那么说，她就会被气死的……我不想跟她争吵。"

有没有觉得很耳熟？当我们无法对一个人表达愤怒时，我们往往会认定是因对方的问题而妨碍了自己的表达。我们会忽视自己在冲突中和他人是互动的，也会忽视自己带来改变的能力。因此，乍看之下，除了隐忍或是和母亲争吵，玛吉似乎别无选择。

很明显，在这段关系中，玛吉也处于自我弱化的状态。她愤怒的根源在于，她希望脱离母亲，希望获得独立。但她的问题和芭芭拉最开始一样——**在内心，还没有做好真正独立的准备**。她逐渐意识到，由于害怕和母亲分离，害怕疏远这段关系，她选择了压制自我；只要她默许母亲的苛责和干涉，就相当于没有真正离开过母亲。

因此，她需要做出的改变也跟芭芭拉一样：**拿回自己的决定权，并主动分享自己的感受**。

除了这两点，**她还需要尽力地维系与母亲的关系**。因为亲子关系有别于夫妻关系，夫妻总归是要生活在一起的，保持独立并不会太影响两个人的感情；但在亲子关系中实现独立，就要面对与父母、与孩子的真实的分离。

> 想在亲子关系中实现独立，就要面对与父母、与孩子的真实的分离。

首先，她需要向母亲表达清楚：虽然她希望最后能够独立于母亲，但她并不想脱离和母亲之间的亲密与关怀；她永远都是母亲的孩子，会永远深爱着她。

然后，她需要用实际行动保持与母亲的交流和联系。比如，平时多与母亲分享一些自己的生活和见闻；或是问问母亲，最近发生了什么新鲜事，有什么安排；还可以问问母亲，过去有哪些经历；或是干脆一起讨论育儿问题，比如："妈妈，有时候我尽力安抚孩子，但她还是哭个不停。我小的时候也会这样吗？你是怎么做的？"就像这样，用行动和感情来缓解双方对于母女分离这件事情的焦虑。

故事的结局我们也能猜到了——玛吉缓和了与母亲的关系，并实现了真正的独立。

我想，应该有不少人从这两个故事中找到了自己的影子。

哈丽特·勒纳还说过这样一段话：

女性在改变个人与改变社会的进程中，一定是先驱者，也必须是先驱者。女性应当理解自己的愤怒，并让愤怒成为改变的起点，坚守一切有价值的女性遗产与传统，同时创造全新的关系模式。

其实这就是在强调，女性不要把自己困在"丈夫的妻子""父母的女儿"这样的角色里，不能永远在亲密关系中都是个被动者，除了愤怒什么都做不了。

聪明养育小贴士

正如哈丽特·勒纳所说的那样：愤怒与爱意之所以纠缠，是因为我们在"拥有关系"和"拥有自我"之间左右为难。

当我们学会从棘手的亲密关系中解脱出来，学会在管理愤怒的过程中管理自我，就会变得更独立、更清醒，也更有力量。

聪明养育小练习

情景再现：回想我与一个亲密的人（可以是伴侣，也可以是父母或孩子）最近发生的一次让我感到愤怒的事件。

1. 请简述事件：

_____

2. 我对此的反应是什么？

我的愤怒根源是：_____

我提出的伪问题是：_____

我内心真正的问题是：_____

我真正应该向对方提出的问题是：_____

3. 为了修复亲密关系，我如何制订行动计划？

步骤 1：_____

步骤 2：_____

步骤 3：_____

4. 记录结果：

_____

愤怒之舞
[美] 哈丽特·勒纳

1 芭芭拉和丈夫

问题
很多女性为了家庭与婚姻而牺牲自我，这种不平衡的跷跷板状态迟早会出问题

解决
· 拿回自己的决定权
· 主动表达自己的感受
· 把更多的精力用在自身发展上

2 玛吉和母亲

问题
在想要独立和依赖父母之间不停摇摆，始终拒绝面对真正的分离

解决
· 拿回自己的决定权
· 向父母表明，亲密和独立是不冲突的
· 定期分享交流，保持与父母的情感联结

第二部分

方法论
如何给孩子更好的爱

建立安全型依恋模式

想一想：

- ❃ 为什么要给孩子足够的安全感?
- ❃ 婴幼儿的情感依恋是如何发展的?
- ❃ 童年形成的依恋关系，在成年后会给人带来怎样的影响?

在过去甚至包括现在，绝大多数人都还把婴幼儿看作一个"不完整"的人。由于婴幼儿在各方面的发育都不成熟，因此就想当然地觉得，婴幼儿应该只拥有极其有限的感觉和认知，几乎就是白纸一张。

如今，已经有越来越多的研究结果表明：**婴幼儿的世界，远比我们认为的要丰富得多，千万别以为他们什么都不懂。**

心理学家艾莉森·高普尼克（Alison Gopnik）在《宝宝也是哲学家》（*The Philosophical Baby*）一书中通过很多实验向大众展示了婴幼儿是如何想象的、如何感知的，以及如何体会爱的。原来，**早在婴幼儿时期，孩子就通过感知和想象，获得了他们对于"爱"这件事的认知和思考，并可能由此影响他们的一生。**

与此类似的，你很可能也听过这样的说法：我们在三岁之前与父母的依恋关系，决定了我们在成年后与伴侣的亲密关系。

婴幼儿的想象与思考

先介绍一个概念，**反事实思考**。这是指，在现实中并没有发生，而只是存在于想象中的思维活动，也就是推测另一种可能性。

比如，你上班迟到了，可能会寻思"如果我早点出门，就不会迟到了"，这就是在想象另一种可能性，就属于反事实思考。反事实思考在我们的生活中无处不在，并深深地影响着我们的生活。我想举个最简单的例子来展示反事实思考的影响力：想一想在奥运会上，获得铜牌的选手与获得银牌的选手相比，谁会更开心呢？按道理来说，肯定是获得银牌的选手更开心，毕竟这代表他比获得铜牌的选手更厉害啊！但事实很可能是，获得铜牌的选手往往比银牌选手要高兴得多，因为他们的反事实思考不一样。

获得铜牌的选手想的可能是："原本我可能一枚奖牌都得不到，现在却得到了，真让人激动！"

获得银牌的选手想的则可能是："原本我可能获得金牌的，结果却没有拿到，好遗憾啊！"

为什么与已经发生的事实相比，人们会如此重视没有发生的反事实呢？

因为，**从人类进化的角度来看，反事实的思考能力让人可以改变未来。**

为什么会这么说呢？

这是因为，反事实思考包含着推算过去和预测未来。

比如，当我们根据现状推算过去时，我们可能会想象，如果当初没有人发明电，我们现在的生活将会截然不同——没有灯、空调、电脑……没有很多让我们现在的生活如此方便的东西。

因此，我们不能只停留在关注当下，还需要去预测未来，去想象并创造更多的可能性。只有这样，我们才会有所行动，从而让这种可能性变成事实。简单来说，因为敢想，所以敢做，最后才会真的改变世界。

可以说，反事实思考能力是人类的一种非常高级也非常重要的能力。

那么问题来了：婴幼儿是否也能进行反事实思考呢？

我们通常会认为，婴幼儿应该是纯粹直觉的思维，必须依靠简单的试错行为来认识世界。也就是说，他们需要亲眼看到一个事实才能获得相关的认知。

然而，艾莉森·高普尼克通过两个实验证明，即使很小的宝宝也拥有反事实思考的能力。

实验1：套环实验

艾莉森在实验中运用了那种中间有孔、可以套到杆上的套环。在实验开始前，艾莉森将其中一个套环中间的孔封起来。随后，让一些18个月大的小宝宝玩这种套环。小宝宝会如何做呢？他们把一个个的套环慢慢地套到杆上；当他们拿到被封住孔的套环时，他们并不是直接往杆上套，而是有大部分孩子会露出一副"哼，你想骗谁呢"的表情，或是根本不去尝试，或是戏剧性地把这个套环使劲扔到一边，再继续把其余的套环套好，抑或是把被封住孔的套环拿到杆旁边，然后大叫："不！不！"

要知道，这些参与实验的宝宝们，可是从来都没有玩过套环的。

这说明什么？说明18个月大的宝宝，已经不需要看到"被封住孔的套环无法套到杆上"这个事实，他们就能想象出会发生什么，并且依据所想的来行动。

也就是说，**他们能够通过反事实思考来预测未来没有发生的事。**

实验2：卡片实验

艾莉森设计了两套故事卡片，按照顺序排列后将分别组成一个完整的故事。

第一套卡片上依次画着：小女孩打开一盒罐子，往罐子里面看，罐子里是一盒饼干，小女孩开心地笑了起来。第二套卡片上依次画着：小女孩打开一盒罐子，往罐子里面看，罐子里是空的，小女孩难过得哭了起来。

艾莉森先让一群三岁的孩子看第一套卡片，并让他们讲述卡片中的故事。接着，艾莉森拿出第二套卡片中的最后一张卡片（也就是小女孩哭泣的卡片），并问孩子们："在这张卡片的前面，应该是哪张呀？"结果，孩子们很快就从一堆卡片中找到了画着空罐子的那张卡片。

这个实验说明，**三岁的幼儿已经能够想象过去了，他们也是在运用反事实思考，推断过去的某种可能性。**他们的反事实思考能力可一点都不比成人差。

不过，有些父母还是会有疑惑："不对啊，我家两岁多的宝宝好像就不能反事实思考啊！他要是真能想象和推测，那他怎么还会干那么多蠢事，比如一头撞在玻璃上？"

这是因为，**反事实思考能力在本质上是与因果思考能力紧密相关的。正确的反事实思考结论，基于正确的因果关系。**也就是说，得先知道正确的因果关系，才能进行正确的反事实思考。

比如在套环实验中，虽然参与实验的宝宝们没有玩过套环，但他们在之前的生活体验中认知到了"没有孔的东西无法套进其他东西上"这个因果知识，所以才能推断，被封住孔的套环无法套到杆上。而那个一头撞在玻璃上的孩子，很可能只是还没有储备相关的因果知识，不知道这种透明的物质是无法直接穿过去的，所以才会发生这样看起来似乎很蠢的事情。不过，这并不代表他没有反事实思考的能力。

孩子的情感依恋发展

很多父母都知道，不同的孩子依恋类型是不一样的。

一共有四种依恋类型：**安全型依恋、回避型依恋、焦虑型依恋和矛盾型依恋**。

这是根据观察孩子在照料者离开和返回时的表现来区分的。

孩子到了两岁左右，通常会特别信任和喜爱自己熟悉的照料者。当照料者离开时，他们会感到焦虑；等到照料者重新回到身边，他们又会立刻得到安抚，并且很快会将注意力转向其他事物。

比如，艾莉森的儿子亚历克谢就是这样：在她离开家时，孩子会表现出典型的分离焦虑——扑向窗子，趴在玻璃上喊"妈妈"；当她回到家时，孩子又会表现出典型的重聚安抚——从房间里闪电般地向她冲过来，投入她的怀抱，热情地拥抱她。不过，不管是分离时的痛苦还是重聚时的快乐都很短暂——仅仅持续五分钟左右就会消失。

像亚历克谢这样的孩子就属于**安全型依恋**。他们认定自己的照料者是爱的可靠来源，所以会在其离开和返回时表现出正常的情绪，但又不会过度陷入进去。

回避型依恋的孩子在照料者离开和返回时，都会表现得比较冷漠，不会与照料者互动。他们既不会因为分离而哭泣，也不会因为重聚而开心，只会一直专注于做自己的事情（如玩玩具）。

这类孩子是不是天生比较冷静、情绪比较稳定呢？

事实并非如此。当照料者离开时，测量这些孩子的心率就会发现，他们的各项生理指标都表明他们的内心正经历着极大的痛楚。也就是说，回避型依恋的孩子在注意到照料者离开后，也会感到焦虑和难过，但他们却在非常小的年纪就学会了压抑自己的情感。

焦虑型依恋与回避型依恋完全相反。这些孩子在照料者离开时会异常焦虑；在照料者返回后，他们又很难被安抚——他们可能会继续哭叫，紧抓着照料者不放；甚至还可能变得很暴躁，乱扔玩具；即使被妈妈抱着，也会生气地对着妈妈哭喊。

矛盾型依恋是回避型和焦虑型的结合，很可能会从一种行为模式突然转向另一种。这应该是最糟糕的一种状态，因为孩子们根本没有建立起前后一致的期待，导致他们的行为倾向完全无法被预测出来。因此，他们在成长过程中很容易遭遇情感上的挫折。

以上是常见的四种依恋类型。这些差异是如何形成的呢？

一方面，这和孩子天生的气质相关，毕竟气质类型会影响人的很多方面；另一方面，是基于孩子的反事实思考能力，这是他们在后天与照料者的互动中形成的。

如果你总是能够迅速回应孩子所发出的信号，在离开后尽快返回，并安抚伤心的孩子，他就能准确推测你的行为——你离开时，他知道你很快就会回来，所以不会过度焦虑；你回来时，他知道你会给他拥抱，会温柔地安抚他，所以就会和你更加亲密。

可想而知，自身比较冷漠或是极少回应并安抚孩子的父母，更可能养育出回避型的孩子。因为在父母离开后，孩子知道父母可能很久都不会回来，所以就懒得表现出焦虑；而在父母回来后，他也知道父母不会去安抚他，因此他就更加懒得表现出高兴了。

同样的道理，自身比较焦虑的父母，容易养育出焦虑型的孩子；自身比较矛盾的父母，容易养育出矛盾型的孩子。

在这个阶段的孩子，已经能自如地运用反事实思考推测父母的行为，从而调整他自己的行为，并由此形成他与父母的依恋模式。

还想强调一句：**婴儿会与任何一个照顾自己的人建立依恋关系，而不仅仅是母亲。**

> 婴儿会与任何一个照顾自己的人建立依恋关系，而不仅仅是母亲。

也就是说，婴儿会与不同的人建立不同的依恋关系，这取决于这些人不同的行为方式。比如，有的宝宝意识到"爸爸会回应，但妈妈不会"，于是他会对爸爸产生安全型依恋，对妈妈产生回避型依恋。

童年依恋关系对成年的影响

心理学家塞雷娜·陈（Serena Chen）做过一个这样的实验：她让一组研究生写下他们父母的具体特征；几周后，再请他们过来看一些有关人物的描述，并谈谈"如果自己遇到其中所描述的人，会有怎样的感受"。

其实，在对人物的描述中包含了他们之前写下的各自父母的特征，比如，如果有人曾描绘自己的母亲"个子比较矮，风趣幽默，会做很好吃的千层饼"，那么他在后续实验中将会看到有关一位风趣、娇小的美食家的描述。当然，这些被试对此并不知晓。

塞雷娜由此获得了两个发现。

第一个发现：被试会假设，那些描述中的人在其他很多方面也与自己的父母雷同。比如，他会认为那个风趣、娇小的美食家也像自己的妈妈一样，急性子又大嗓门，生活习惯不拘小节……尽管在描述中并没有体现出这些特点。

第二个发现：被试对待这些人物的态度，反映出他们对父母的感受。比如，如果被试与母亲十分亲密，他就会很愿意见到与妈妈相似的女性；而如果被试觉得母亲总是在批评自己，他就会很排斥见到母亲的"虚拟分身"。

简单来说，如果我们与父母的依恋关系很健康，就会倾向于找一个与他们相似的伴侣；如果我们跟父母有糟糕的依恋关系，就会避免跟那些与父母有相似特征的人发展亲密关系。由此可见，**童年与父母的依恋关系，深切影响了我们对其他成人的期待；这种影响是非常长远、细微的，而且让人难以察觉，它甚至还会影响我们对待孩子的方式。**

那么，这是不是意味着，如果我们在童年没有形成安全的依恋模式，现在就只能悲观了？

当时不是。如果我们在幼时得到了父母充分的关爱，拥有了足够的安全感，我们在现在会更幸福。但换个角度想，如果从现在开始，我们能充分地爱自己，并给孩子充分的安全感，我们就能重新获得幸福。

有的人虽然与父母关系不好，但他们能以一种有思考、有组织的方式来叙述这段经历。他们能够连贯地讲述早期经验如何塑造了现在的自己，并坦然接纳各种反事实，再想象未来在哪些方面可能会有所不同。也就是说，他们理解父母养育自己的方式，并设想自己可以采取哪些不同的方式来对待自己的孩子，从而与孩子建立起安全的依恋关系。

聪明养育小贴士

早在父母还没有意识到的阶段，就可能已经塑造了孩子对于爱的感受与认知。因此，父母要在孩子出生起就给他足够的安全感，帮助他建立安全型依恋模式，这将有助于他健康处理成年后的亲密关系。

聪明养育小练习

思考：如何与孩子建立安全型依恋关系？

1. 回想我与父母及主要照顾者之间的关系，思考我与他们有什么样的依恋类型？

我与父亲的依恋类型是：_____

我与母亲的依恋类型是：_____

我与其他主要照顾者的依恋类型是：_____

2. 早期经验如何塑造了今天的我？

_____

3. 我想到了哪些反事实？

_____

4. 未来在哪些方面会有所不同？

_____

5. 我可以采取哪些不同的方式来对待孩子？

_____

宝宝也是哲学家

[美]艾莉森·高普尼克

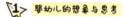
① 婴幼儿的想象与思考

反事实思考能力：推算过去+预测未来

套环实验：预测未来　卡片实验：推算过去

证明：
婴幼儿具有反事实思考能力

正确的反事实思考结论，
取决于正确的因果关系

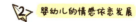
② 婴幼儿的情感依恋发展

安全型依恋

回避型依恋

焦虑型依恋

矛盾型依恋

③ 依恋关系在成年后的影响

塞雷娜·陈的实验

发现1
人们认为跟自己父母
具有某个相同特征的
人，在其他很多方面
也会与父母雷同

发现2
人们对待跟自己父母
相似的人的态度，反
映出他们对父母的感受

结论
童年与父母的依恋关系，
深切影响了人们对其他成人的
期待；而这种影响是非常长远、
细微，而又让人难以察觉的

07

用语言滋养孩子的大脑

想一想：

ɶ 为什么要跟孩子多说话、多交流？

ɶ 不同家庭的语言环境有哪些差异？

ɶ 如何构建丰富的语言环境来优化孩子的大脑发育？

　　美国很多研究儿童发展的心理学家指出，如今所谓的"学前教育期"，在时间上实际已经晚了。**真正的教育从孩子刚出生的第一天就开始了，学校并不是教育的起点，家庭才是。**

　　研究还发现，不仅是大脑发育，孩子的性格塑造、学习能力、自律性、道德感、共情等各个方面，其实都和早期的家庭语言环境有关。因此，从某种程度上说，孩子在学校的表现，是父母对孩子早期家庭教育的一种检验。

　　正如达娜·萨斯金德（Dana Suskind）等人在《父母的语言》（*Thirty Million Words*）一书中所述，如果孩子一出生就能够在丰富、积极的语言环境中得到熏陶，那才算是真正地"赢在了起跑线"。因为，数十年的科学研究结论显示，孩子在早期接触的语言数量，对他们的大脑构造和发展会产生至关重要的影响。也就是说，**父母的语言直接塑造着孩子的大脑。**

> **没有天生聪慧的孩子，他们的聪慧源自其善于沟通的父母。**

不同语言环境的差异

根据研究人员数年来的跟踪调查发现，孩子的早期语言环境与其家庭的社会经济地位直接相关。社会经济地位高的家庭的孩子与贫困家庭的孩子相比，在词汇使用的几个方面存在着以下显著的差异。

词汇数量的差异

研究人员基于多年观察和数据收集估算出，在一个小时内，社会经济地位高的家庭的孩子，平均听到的单词量是 2000 个；而贫困家庭的孩子，听到的单词只有 600 个——不到前者的三分之一。

词汇质量的差异

词汇质量的差异其实跟词汇数量的差异是相通的。在词汇量大的家庭里，语言往往也更复杂、更多元。也就是说，语言的数量会推动语言的质量；父母说得越多，词汇量就越丰富。显然，社会经济地位高的家庭，词汇的质量也是显著呈现优势的。

词汇功能的差异

父母的日常语言分为事务型谈话和其他谈话。事务型谈话，是为了推动孩子完成一件事，比如：

"下去吧。"
"把饭吃完。"
"把鞋子穿好。"

其他谈话，也就是我们常说的闲聊，比如：

"这棵树真高！"

"冰激凌真好吃！"

"你今天真可爱！"

研究发现，社会经济地位高的家庭，倾向于在谈话中持续进行反复的其他谈话，他们很乐于跟孩子闲聊。而社会经济地位低的家庭，无论是跟伴侣还是跟孩子，从讲话开始到结束的时间很短，通常就是一方说话，一方给出反应，除此之外就没有其他内容了。

这种差距非常重要，因为在其他谈话中，包含着让孩子大脑快速发育的必备养料，它高效地增加了语言的质量和运用。

词汇积极程度的差异

还有研究发现，社会经济地位高的家庭，训斥孩子的频率远远低于社会经济地位低的家庭。贫困家庭的孩子，每小时听到的负面语言是脑力劳动者家庭的孩子的两倍多；他们很少听到"你是对的""你很好""你真聪明"等肯定词汇。而脑力劳动者家庭的孩子，每小时会听到 30 个肯定词汇，这个数量是体力劳动者家庭孩子的两倍、贫困家庭孩子的五倍。

对于上述差异得出的结论，都有力证实了这一点：决定孩子差距的关键，不是经济水平本身，而是语言环境的优劣。归根结底，一切都取决于**孩子的大脑是否被足够的、丰富的、积极的词汇滋养**。

> 决定孩子差距的关键，不是经济水平本身，而是语言环境的优劣。

良好语言环境的构建

分享一个 3T 原则，以优化孩子的大脑发育。

3T 原则是三个以字母 T 开头的英语词组，分别是 tune in（**共情关注**）、talk more（**充分交流**）、take turns（**轮流谈话**）。它将复杂的、有关大脑发育的科学语言，变成了简明扼要又好记的具体实操。

共情关注

共情关注原则要求父母有意识地去观察孩子在关注什么，等到时机成熟再跟孩子谈论它。换句话说，孩子关注什么，父母就关注什么。这个原则的重要程度在于，如果不先共情关注，剩下的两条原则也就不会发挥作用了。

来想象一个场景。

妈妈坐在地板上，手里拿着一本绘本。然后她拍了拍身旁的地毯，对孩子微微一笑——这是在向孩子发出信号："这里很舒服，过来听故事吧。"可惜，孩子没有回应，继续摆弄着他的积木。这时，妈妈再次轻拍地毯，温柔地说："宝贝坐过来，妈妈给你讲一个好听的故事啊！"

这个场景听上去好像还不错，对不对？慈爱的妈妈、有趣的故事，孩子还想要什么呢？

实际上，这个场景的问题在于，妈妈没有对孩子做到共情关注。因为"给孩子讲故事"只是这个妈妈的意愿，而孩子则沉浸在搭积木中。

孩子们只会关注自己感兴趣的事，如果不感兴趣，那么无论多好听的故事对他们来说都是耳旁风，此时，这个故事对他们大脑的发育也可能完全没有作用。记词汇也是一样，如果孩子很不情愿地参加了某项活动，他就很难学会这项活动中使用的词汇。

因此，**共情关注的重点是，觉察孩子的兴趣，并加入孩子的队伍中**。像上述的场景，妈妈应该和孩子一起玩积木，或是在旁边好奇地看着他，时刻保持关注。哪怕孩子对积木的热情只持续了五分钟，他的大脑也能得到开发。

充分交流

交流，不能只是零星的话语，或者只是一味地输送简单的词汇。假设孩子的大脑是个存钱罐，如果只是单纯地往里面塞硬币，那么即便把它塞满了也没有多少钱。同理，如果只顾着往孩子的脑袋里塞入简单的词汇，那么装得再多也无法让孩子有质的提高。

什么是充分交流呢？

再来看一个场景。

一个人边独自做饭边念叨着："现在，我正在用菜刀把土豆切成细细的土豆丝……"

你是不是觉得这个自言自语的人有点毛病？可是对孩子来说，这种一边做事一边讲述的方式，非常有利于让他沉浸在语言环境中。这就是充分交流，这种讲述不仅能扩展孩子的词汇量，还能让他知晓词汇的发音和意义——也就是听到一个词语，他就能立刻知道所指的是什么东西。

比如，你可以这样对小宝宝说：

"妈妈来给你换尿布啦！哎呀呀，你看看，都湿透啦！"
"换好啦，不湿啦，你摸摸，是不是又干又软啊？"
"来吧，现在给你换上一条可爱的粉红小裤子。"

充分交流的神奇之处就是，即使是像换尿布、换衣服这些再普通不过的操作，也能帮助孩子开发大脑。除此之外，还能让孩子熟悉这些事物的操作步骤，从而更早地实现独自操作。

比如，你可以这样说：

"来，找找你的牙刷。你的是红色的，妈妈的是绿色的。"

"现在，我们要把牙膏挤到牙刷上，一点儿一点儿挤。"

"好，准备刷牙啦。开始刷吧，从上到下，从前往后，每个地方都要刷到。"

就像这样，不仅能帮助孩子形成词汇的意识，也让他自然而然变得独立起来。

重复是充分交流的重要方式之一。

约翰·霍普金斯大学的学者曾做了一个观察实验，研究了 16 个九个月大的婴儿。他们每天给这些婴儿播放三个故事（而且每天都是这三个故事），故事中所使用的词汇超出了婴儿能理解的范围。两周之后，学者给婴儿们播放了两个不同的词汇表的录音：第一个词汇表中的单词来源于孩子们在这些天所听的三个故事；第二个词汇表中的单词是第一个词汇表中单词所对应的近义词。

结果发现，婴儿们对第一个录音更为敏感，可以长时间地专心倾听；对第二个录音则反应平平。研究者由此得出结论：婴儿听得越多，对听过的词汇越敏感。因此，大量的重复可以帮助孩子吸收更多的语言，即使他们还不懂这些语言是什么意思。

轮流谈话

轮流谈话原则要求，父母在和孩子交流时不是单向的输出，而是轮流参与谈话。这是亲子交流的黄金准则，也是 3T 原则中最重要的一环，对孩子的大脑开发起着决定性的作用。

轮流谈话并不是一定要等孩子会说话才开始，它的重点在于回应孩子发出的信号。要知道，婴儿在学会说话之前就能跟父母进行流畅的交流了。他们的啼哭很可能是在告诉父母，尿布湿了需要更换，或者我饿了需要喝奶；他们揉了揉眼睛，很可能是在说明，我好困，想睡觉。随着孩子慢慢长大，能开口说话了，可能说的是自创的词语，也可能说一些发音不完整或不准确的词语……父母需要抓住他们的语言信号并认真地回应，与孩子轮流谈话。

在轮流谈话中，并不是所有的话语都有利于它的开展。

比如，我们常问的"这是什么""这个东西怎么说"等疑问句，对孩子的词汇积累是没有太大帮助的。因为问题的答案孩子都知道，他们只需要在作答的时候，从脑子里搜索出那个熟悉的词汇就行了。同样，用"是"或"不是"来作答的一般疑问句，对于交流的开展也没有什么帮助。简言之，**在简单的问答中，孩子是学不到新东西的**。

相比之下，开放式的问题才能实现轮流谈话的目的。你只需要将"怎么办"和"为什么"抛给孩子，就足以让他们在思维的世界里天马行空了。开放式的问题能够让孩子开始独立地思考，并逐渐学会独立地解决问题。不过，要做到这一点可能需要孩子稍大一些才行。

如何运用 3T 原则

接下来，将演示在亲子阅读中运用 3T 原则的步骤。

步骤 1：共情关注

可以一边给孩子读故事，一边敏锐地观察孩子，看看哪部分情节最吸引孩子的注意力，孩子最喜欢你用什么方式和语调来讲述等，然后做出相应的调整。这样，孩子就能轻松愉快地从故事中学到知识，而不用强迫自己关注不感兴趣的情节。

步骤 2：充分交流

就是尽量把故事讲得足够细致和生动，赋予每个情节充分的画面感，这样一来，孩子就会觉得听故事特别有意思。如果书里出现一些较难的、不常见的词汇，则需要不停地重复它们，帮助孩子加深印象。

步骤 3：轮流谈话

给孩子抛出一些开放式的问题，可以是对情节的推测、关于故事引发的思考，也可以是对于故事的感受，比如：

"如果金发姑娘坐在熊宝宝的椅子上，那么接下来会发生什么呢？"

"你觉得她该不该去坐那个椅子呀？为什么呢？"

"熊宝宝回家看到椅子坏了，它会有什么感觉呢？"

诸如此类的问题，由于不能直接从书上找到现成答案，因此孩子需要反复地推敲，并运用丰富的想象力才能想出答案。

运用了 3T 原则的亲子阅读，不再是单纯地给孩子灌输，而是和孩子一起充分地互动。

不过，如果父母处在走神、对孩子不够专注等"离线"的状态中，那么 3T 原则将根本无法发挥作用。"离线"的父母，对孩子的回应只剩下"嗯……""等一会儿……""别烦我……"到最后，就是完全的沉默。

这种状态最容易发生在什么时候呢？答案是，你玩手机、玩电脑、看电视的时候。因此，接下来我想补充第四个原则——**关掉电子设备**。

我们在超市中常常可以看到这样的场景：手推车里塞满了商品，商品中间或是宝宝座上坐了个小孩，手拿 iPad，高高兴兴地在玩游戏；推车的家长手里也拿着手机，一会儿浏览页面，一会儿回个消息。父母可能全程都和孩子没有互动，也没有说过一句话。然而，周围不会有人吃惊，也不会有人觉得不妥，更不会有人感叹一句："哎，好可惜啊！"这就是我们在数字化时代所面临的问题：电子设备霸占了太多亲子沟通的机会。

你知道如何在这种情况下运用 3T 原则吗？

首先，自然是拿走孩子的 iPad，让他把注意力转移到超市的环境中。

其次，共情关注，发现孩子对什么东西感兴趣，他喜欢盯着哪里，喜欢用手指什么或者碰什么。

再次，充分交流，跟孩子介绍他感兴趣的东西，告诉他这是什么、那是什么，以及今天要买什么。

最后，轮流谈话，问问孩子想要买什么、为什么想买、今天打算买多少……

如果能像这样与孩子沟通，你可能就会发现，逛超市也很有趣！而且，不仅是在超市，在餐厅、书店、停车场等各个地方，你都可以与孩子无限制地使用 3T 原则。

最后再提一句，美国儿科学会曾专门表示，不能让两岁以下的孩子看电视或使用电子产品；孩子两岁半之后，才能在父母的监管下，每天享受一两个小时的屏幕时间。

因为，真的没有任何电子产品能比得上家庭中的亲子互动。

没有任何电子产品能比得上家庭中的亲子互动。

聪明养育小贴士

父母的语言会对孩子的大脑产生很大的影响，父母使用语言的方式（数量、质量、积极程度等），也会给孩子各个方面的能力发展奠定基础。为孩子构建一个丰富的语言环境，其实并不需要父母挤出多长的时间。可以将 3T 原则融入日常生活中，建立亲密而稳固的亲子关系。

聪明养育小练习

情景再现：我和孩子在餐厅点餐后，等餐的那段时间可以如何运用 3T 原则与孩子沟通？

1. 我会如何对待电子设备？

_____

2. 共情关注。
认真观察，孩子在关注什么：_____
我会这样回应：_____
孩子对我的回应的反应是：_____

3. 充分交流。
我会这样表述：_____
孩子对我表述的反应：_____

4. 轮流谈话。
我会这样表述：_____
孩子对我表述的反应是：_____

5. 运用 3T 原则与孩子沟通后，我们各有什么样的感受？
我的感受是：_____
孩子的感受是：_____

父母的语言
[美]达娜·萨斯金德/贝丝·萨斯金德
莱斯利·勒万特·萨斯金德

1 不同家庭的语言环境差异

 词汇数量不同

词汇质量不同

 词汇积极程度不同

2 如何使用3T原则
优化孩子的大脑发育

(1)共情关注
通过用心观察，关注孩子在做什么

(2)充分沟通
用详细而生动的语言
和孩子沟通

(3)轮流谈话
和孩子轮流发言，
多提开放式的问题

补充原则 关掉电子设备

08

创设良好的家庭环境

想一想：

ɔ 什么样的人才能被称为天才？

ɔ 天才有哪些特质？

ɔ 父母怎么做才能把孩子培养成天才？

ɔ 为什么要创设良好的家庭环境？

为人父母，没有一刻不在为孩子操心。今天操心孩子的成绩，明天操心孩子的社交，不想让孩子在成长道路上有一点差池。随着不断地成长，孩子会接触越来越复杂的社会环境，父母也开始操心社会环境对孩子的影响。为此，父母不遗余力地想要送孩子到环境更好的学校去学习——因为众所周知，好的环境更有利于孩子的成长。

印度电影《起跑线》更是道出了父母养育孩子的心理：为了让孩子能从小获得最好的教育，在日后走向人生巅峰，每个做父母的都绞尽了脑汁。父母的努力，无一不是为了将孩子培养成更优秀的人。

美国记者埃里克·韦纳（Eric Weiner）为了自己九岁的女儿，走访了历史上出现大量天才的城市以及诞生近代天才的硅谷，探寻天才与环境的关系，并写了《天才地理学》（The Geography of Genius）一书。虽然书中讨论的场景大多是历史上的城市，但书中总结的方法对父母、对家庭环境创设也有重要的指导意义。

什么样的人能被称为天才

纵观整个人类文明史，古今中外的天才有很多，其中有七个地方天才出现的频率很高，分别是古希腊的雅典、中国古代的杭州、文艺复兴时期的佛罗伦萨、世界第一座文学之城爱丁堡、泰戈尔的家乡同时也是印度近代教育文化科技中心加尔各答、世界音乐之都维也纳，以及现代天才之地硅谷。这七个地方都诞生了大量的天才人物。其中有的是大都市，如 20 世纪初期的维也纳；有的是小城，如文艺复兴时期的佛罗伦萨；有的名闻世界，如古代雅典；有的则相对默默无闻，如 19 世纪的加尔各答。无论如何，这里的每个地方都见证过人类成就的巅峰。

可以发现的一点：出现大量天才的这七个地方无一例外都是城市。难道天才与城市有什么必然关系吗？非洲有这样的一句谚语："村落抚养孩子，城市培养天才。"意思是说，尽管有很多天才出生在乡村，但一定是在城市里长大成才的。这就是我们要讲的第一点：**天才几乎都出现在城市**。而成为天才的前提是，要让孩子生活在城市里。

> **村落抚养孩子，城市培养天才。**

此外，天才的出现遵循着一个很重要的规律：天才是扎堆出现的，而不是一个两个地分散出现的。

生活在城市的人，更容易接触到优秀的人物、资源、环境，也更容易受到启发，成为天才。漫步树林、倾听瀑布时，我们能从大自然中得到灵感，而城市的环境则更有利于激发孩子的创造力。

那么，城市里的哪些人可以被称为天才呢？

现代社会对天才的定义是在 18 世纪提出的，是指"能够在创造性活动中体现出超凡智力的人"。通俗点说，我们现在所说的天才，通常指的就是这么一群人：他们在创造性地改变世界，运用他们超出普通人的智力和智慧获得了伟大的成就。

其实，在日常生活中，我们有时也会用"天才"这个词来形容那些聪明、智商高的人，比如"数学天才""运动天才"，但是这样的定义有点狭隘了，因为很多智商很高的人一生也没什么成就。而很多在我们看来不能被称为"天才"、智商平平的人却取得了很大的成就，这些人才是我们接下来所要讲的天才。

因此，关于"天才"的最佳定义，用美国专利及商标局授予专利的标准来定义可能更准确：**天才是能够想出新颖独特、出人意料且极具价值观点的人。**

天才身上有很多特质值得我们学习。

注意观察事物是成为天才的第一步

一切伟大的发现、改变世界的发明及大胆的推理都始于观察。天才之所以善于观察，是因为他们做到了以下两点。

原因 1：对周围万物保持敏锐性及好奇心

普通人往往习惯了长期所处的环境，并因为习以为常而容易对周围的事物失去敏锐的观察。然而，天才则相反。天才成功的重要因素在于，他善于"从身边习以为常的事物中发现特殊之处"。对周围万物保持敏锐性及好奇心，使得天才能从万物中品出不一样的滋味，他们发现并欣赏身边的事物，万物于他们而言都可以是潜在的创意火花。而这种被英国哲学家艾伦·沃茨（Alan Watts）称为"惊奇之心"的能力，也是人与动物、聪慧敏锐的人与愚笨的人的差异所在。

原因 2：细致观察

在对周围万物保持敏锐性和好奇心的同时，天才之所以能够有不一样的收获，还因为他们做到了第二点——**细致观察**。

在遇到一件事情的时候，大部分人只是简单地看，看到的大多是事物的表面；天才则会深入细致观察，他们会注意到事情看起来不对劲的地方，以及其中蕴含的那些不协调的现象，这些"不对劲"与"不协调"会驱使他们进一步去研究，并弄懂为什么会这样，最终对这种现象进行解释。

> **普通人简单地看，而天才会深入细致地观察。**

沈括是我国著名的文学家，被称为"中国的达·芬奇"。他在众多学科领域都有很深的造诣和卓越的成就，被誉为"中国整部科学史上最卓越的人物"。沈括把他的各种奇思妙想都记录在了《梦溪笔谈》里面，其中包括他观察并发现雁荡山成因的记录。我们看山，只是看到了山的高低、形状；沈括看山，则会细致地从外看、从里看、从上往下看、从下往上看，在精心观察之后，还结合黄土高原的地形做了类比分析，得出了"雁荡山是由流水侵蚀造成的"结论。

古往今来，小到一幅生动的艺术作品，大到推动世界向前发展的伟大发现与发明，都离不开这些微妙细致的观察。比如，世人看到的是一位歇斯底里的家庭主妇，弗洛伊德却能发现其中更深层的东西；世人看到的是两种看似毫无关系的鸟，达尔文却能从中获得启发，进而发现人类进化的规律。可见，观察是孕育伟大理论的种子。

优秀的导师是天才最好的引路者

天才不仅需要注意观察事物，在他们的成长过程中，导师也起到了重要的作用。即使是最优秀的天才也需要榜样，需要巨人的肩膀，因此优秀的导师是他们最好的引路者。

在一项面向 94 位诺贝尔奖得主的研究中发现，他们大部分人都把自己取得的成就归功于生命中最重要的导师。然而，当被问及这种师生关系是如何让他们受益的时候，他们都觉得导师们的科学知识对他们的影响最小。

那么，他们到底从导师那里学到什么了呢？

答案是思维方式。他们从导师那里学到的最重要的一课就是如何发现问题。我们所认为的创造力，在严格意义上说通常就是解决问题的能力。在面对难题的时候，用创造性的技巧解决难题的做法固然令人钦佩，但是，如果我们根本不知道要解决的难题是什么，该怎么办呢？

毕加索曾讽刺过电脑，认为"电脑很蠢"，因为电脑只会给我们答案，却不会发现问题。而天才之所以出色，不仅仅是因为找到了问题的答案，更是因为发现了这些新问题。因此，对于天才来说，发现问题会在最大程度上激发他们的创造力。此外，还有一项由 31 位艺术家参与的研究表明，善于发现问题的艺术家比那些只解决问题的艺术家更成功。

天才是痛苦之子

分享两个观点。

观点 1：挫折更能激发出天才的天赋

我们常会认为天才很幸运，因为他们自带天赋。然而，伟大的天才其实往往与挫折相伴。人们并不是在条件完美的情况下最具创造力，相反，欠佳的条件往往能激发更强的力量。成为天才的关键不是他们遭受了痛苦，而是他们如何熬过痛苦。天才能够迅速从痛苦中恢复过来，将痛苦转化为创作，我们常说的"文章憎命达"就是这个缘故。

苏东坡被贬后生活清苦，写出了流传后世的诗词；贝多芬耳朵失聪，却创作出了《命运交响曲》。从朝堂官员被贬到偏远贫苦之地，从音乐大师到双耳失聪，常人遇到这些巨大的挫折很可能会一蹶不振，而天才却将这种痛苦转化为惊人的创作。

观点 2：失败要趁早，要更好地失败

天才与非天才的区别并不在于成功了多少次，而在于失败后再次尝试了多少次。天才有着惊人的毅力，他们会经历一次又一次的失败，然后一次又一次地尝试，直至成功。艺术历史学家利用紫外线技术研究了各时期的成功作品后发现，这些伟大的作品中往往留下了作者在成功前多次尝试的痕迹。

> 天才与非天才的区别并不在于成功了多少次，而在于失败后再尝试了多少次。

对于天才来讲，失败并不可怕，反而是一种鼓励。他们会从中吸取教训，记住失败的经历、积累失败的经验。他们会清楚地记得自己在哪里失败、为什么失败，然后在再次遇到类似问题时，他们就能快速、高效地检索之前的失败信息。因此，对于天才来讲，失败要趁早，这样留给他们成功的时间和经验才会更多。

长期坚持

如果不能长期坚持，那么天才将难以成为天才。

我们常会错误地认为，天才的成功靠的是天赋，有了这种天赋，

就能不费吹灰之力获得成功。然而，天才其实并不是一蹴而就的。他们之所以成为天才，还有一个很重要的特质——坚持，而且是长期坚持。心理学家曾对一组演奏乐器的孩子展开了一项研究，结果显示，影响孩子们演奏水平的关键因素不是他们练习时间的长短，也不是天赋，而是他们是否能长期坚持。坚持长期练习的孩子水平更高——长期坚持再加上大量的练习，能使孩子们的演奏水平提高一大截，这个效果是在短期内进行大量的突击练习无法实现的。

如何推动孩子成为天才

父母可以通过以下方法推动孩子成为天才。

方法 1：父母要成为孩子人生中优秀的导师

父母是孩子生命中第一个也是最重要的导师。我们要像天才的导师一样，训练孩子的思维方式，引导孩子去发现问题。

方法 2：培养孩子敏锐的观察力

引导孩子对周围事物进行深入细致的观察，培养孩子发现美的眼睛。

方法 3：提高孩子的逆商，培养他们对失败与挫折的忍耐力

挫折、失败和挑战可以锻炼孩子的意志力。我们要善用失败的力量，培养孩子自己发现并解决问题的能力。我们要引导孩子思考为什么会失败，如何才能避免出现同样的错误，从失败中吸取经验教训。当然，我们还要培养孩子积极乐观的心态，不被挫折和失败打倒。

方法 4：为孩子塑造适合天才生长的家庭文化

家庭文化是可以塑造的，通过塑造家庭文化，我们也可以为孩子

创设一个成为天才成长的环境。

> **天才与善行一样，始于家庭。**

来看看埃里克是如何塑造他的家庭文化的。

方法 1：适合天才生长的家庭环境要允许一些混乱

埃里克尝试在家中设立了一个适合玩闹的混乱区域，孩子在这片区域里可以尽情地释放自己的创意。此外，他们全家人会召开家庭会议，会议到最后常常会变成一片混乱，有时这些混乱会转化成创意。

方法 2：适合天才生长的家庭环境是包容且鼓励尝试

埃里克平时会带着女儿进行实践创新，他会在家里做一些反常的事情，比如将内裤套在头上，目的是让女儿知道要愿意去体验不同的经历，即使这可能会出现很尴尬的局面。埃里克还会鼓励女儿大胆地去犯一些愚蠢的错误，女儿可以从这些错误中有所收获。他则一直是女儿最好的观众，给予女儿鼓励和陪伴。

方法 3：适合天才生长的环境偶尔还要有一些"无用"的实践，这也许正是创意迸发的时刻

埃里克会和女儿漫无目的地交谈，做一些看起来并无多大用处的事。他发现九岁的女儿很喜欢这样，而且有时两人在谈话中还会迸发一些奇妙的灵感。

聪明养育小贴士

从孟母三迁到现在的抢学区房，父母竭尽全力地为孩子创造良好的成长环境。然而，为此不遗余力的我们，请静下来想一想，有没有忽视家庭环境创设对孩子的影响，以及如何塑造适合孩子

成长的家庭文化？

　　希望你能将埃里克的调查发现运用到你的家庭环境创设和家庭文化塑造中去，让孩子成为优秀的人。改善孩子的成长环境，不如从家做起。

聪明养育小练习

　　思考：如何推动孩子成为天才？

1. 成为孩子人生中优秀的导师。

我会这样做：＿＿＿＿＿＿＿＿＿＿＿＿＿＿＿＿＿＿＿＿＿＿

2. 培养孩子敏锐的观察力。

在观察力方面，我的孩子的现状是：＿＿＿＿＿＿＿＿＿＿＿

我会这样做：＿＿＿＿＿＿＿＿＿＿＿＿＿＿＿＿＿＿＿＿＿＿

3. 提高孩子的逆商，培养他们对失败与挫折的忍耐力。

在忍耐力方面，我的孩子的现状是：＿＿＿＿＿＿＿＿＿＿＿

我会这样做：＿＿＿＿＿＿＿＿＿＿＿＿＿＿＿＿＿＿＿＿＿＿

4. 为孩子塑造适合天才生长的家庭文化。

我家现有的家庭文化是：＿＿＿＿＿＿＿＿＿＿＿＿＿＿＿＿＿

我会这样去改善：＿＿＿＿＿＿＿＿＿＿＿＿＿＿＿＿＿＿＿＿

天才地理学

[美]埃里克·韦纳

 天才是如何炼成的

 父母如何为孩子打造一个成为天才的起跑线

 (1) 注重观察
- 保持好奇心
- 培养观察力

成为孩子人生中优秀的导师

 (2) 优秀导师的引导

善于培养孩子敏锐的观察力

 (3) 痛苦磨难的洗礼
- 挖掘激发天赋
- 失败来趁早

提高孩子的逆商，培养他们对于失败与挫折的忍耐力

 (4) 长期坚持

为孩子塑造适合天才生长的家庭文化

09

再忙也能
高质量地陪伴孩子

想一想：

- ❃ 当今父母面临哪些普遍存在的育儿困境？
- ❃ 儿童的大脑发育和他们的情绪行为有怎样的联系？
- ❃ 如何陪伴孩子应对压力？
- ❃ 什么是科学的高质量的陪伴方式？

当今父母面临着以下三种普遍存在的育儿困境。

一是不管父母在心理上准备得多么充分，在育儿过程中依然免不了时常感到紧张、焦虑甚至委屈，有时候会觉得孤立无援，丧失了育儿自信。

二是永远都觉得时间不够用，不仅工作与生活常常会发生冲突，而且孩子时不时的哭闹、惹麻烦，更是占据了父母太多的时间，让人感到特别疲惫。

三是缺乏足够的知识储备，面对孩子的各种问题，不管是身体上的、心理上的还是行为上的，父母都感觉无计可施，经常被折腾得焦头烂额。

这三个困境总结起来，大致可以概括为**无助、无暇和无知**。

法国著名的儿科医生卡特琳娜·盖冈（Catherine Gueguen），是当今世界上低幼儿童教育方面的标杆性专家，在其《如何高质量地陪伴孩子》（*Pour une Enfance Heureuse*）一书中，从非常专业的脑科学层面解答了很多育儿困惑。

孩子的情绪发展

多数父母最糟心的情况，莫过于孩子动不动就大哭大闹，甚至做出冲动的攻击性行为。人们常常认为，年龄小的孩子就是会这样，因为他们还不懂事。可是，你知道他们为什么"不懂事"吗？这是他们能控制的吗？怎么做才能让他们"懂事"呢？

下面就从脑科学的知识点出发，解答这些问题。

先来简要了解一下我们的大脑。

美国国立卫生研究院神经学专家保罗·麦克里恩（Paul MacLean）提出了著名的"三脑理论"。他认为，人类颅腔内的脑并非只有一个，而是有三个——**古脑、情绪脑、新皮质**，这三个脑又分别被称为爬行动物脑、古哺乳动物脑、新哺乳动物脑。

古脑是人脑中最古老的部分，它负责人体一些比较基础的生理功能，如呼吸、血压、睡眠等；情绪脑主要是控制人的情绪，还会涉及人的记忆功能；新皮质则负责人类的高级认知活动，如意识、语言、学习能力、感官能力等。这三个部分有各自的结构，且每个结构的发育时间都不一样。

情绪脑中，有一个结构叫前额叶皮质，它是我们情绪反应的主要控制中心，让我们能够对原始冲动说不。比如，当我们因为一件事感到非常愤怒、恐惧或是嫉妒时，我们并不会完全失控地伤害别人，而是能够克制住身体内部原始的攻击性。等到稍微冷静后，我们会去试着了解发生了什么，是什么引起了自己的情绪……总之，我们之所以能这样冷静思考，全靠的是前额叶皮质。

可惜，这个区域是大脑中最晚成熟的部位，一直要到 25 岁左右才会发育成熟，也就是说，未成年孩子的情绪脑是一直处于发育状态。因此，他们时常出现的情绪起伏和情绪失控，并不是简单的"不懂事""性格不好""故意跟父母做对"，而是从生理上来说，他压根就没有能力掌控自己的情绪。

> 负责控制情绪的前额叶皮质要到 25 岁左右才能发育成熟。

在前额叶皮质中，还有一个很重要的脑区——眶额区。眶额区对于我们的情绪感知和共情起到了根本性的作用。脑科学家发现，当一个人感觉到爱意和柔情时，其眶额区就会被激活，感情越强烈，活跃度越高。比如，如果让母亲注视她的小宝宝的照片，她的眶额区的活跃度就很高；而如果让她看陌生孩子或成人的照片时，她的眶额区的活跃度就很低。

另外，眶额区在情绪管理方面也很重要。我们通常会在无意识的情况下就已经开始行动，但很快又会有所觉察和反思，并在必要时调整行为。这就是眶额区在发挥作用，帮助我们对所感知到的事物做出决定，提升理性思考和道德感，从而建立良好的情感生活与人际关系。

眶额区的成熟程度跟周围的人关系很大。前面曾提到过，前额叶皮质要到 25 岁左右才能发育成熟，如果我们能给孩子足够的安全感并善于倾听和陪伴，就能加强孩子眶额区脑回路的发育，从而提高前额叶皮质的发育速度。

比如，幼儿在观察了周围的人如何化解情绪冲突后，他的眶额区脑回路就会重演和记录这些场景，并在头脑中不断强化。

因此，孩子周围的人——尤其是他的父母——都在时时刻刻地影响着他眶额区的发育。

美国著名儿童精神科医生丹尼尔·西格尔（Daniel Siegel）提出了亲子关系的三种模式。书中以一个 14 个月大的孩子为例，生动描述了这三种模式对孩子的不同影响。

14 个月，正是孩子开始冒险探索外界的年龄段，在他试着爬上一把有些摇摇晃晃的凳子时，他会先看看父母，看他们是否允许他、鼓励他这么做。父母在此时给他的回应，对于孩子人格的形成以及他将来是否信任周围的人具有决定性的作用。

模式 1：理解、共情

父母对他说："我看得出来，你很想爬上去。"他们平静地把孩子带到另一处可以让他安全攀爬的地方，并告诉孩子说："来，你可以在这里爬，你在这里不会摔下来。"这样一来，孩子就能明白，虽然父母并不赞同他的所有行为，但允许他在别的地方做一些事。

像这种理解、共情的态度，将非常有助于孩子眶额区的发育。

模式 2：不理会、漠不关心

父母虽然待在孩子身边，却根本不关注孩子，孩子感受不到父母的关注。当他摔倒在地时，父母用一种很随意的口吻说："不许再爬了啊，别给我乱来！"转头又不理孩子了。

像这种对孩子不理会、漠不关心的态度，很不利于孩子眶额区的发育，而且往往会使孩子变得任性、喜欢挑衅、动辄哭闹，其实他这是在绝望地寻求父母的爱、希望能引起父母的关注。

模式 3：模棱两可

父母先是生气地大喊"不许爬上去"，随后又觉得这么粗暴不太合适，便把孩子抱起来安抚，随后又把他放下说："这么做真是太蠢了！以后要是再这样我就不管你了！"

　　像这种模棱两可、非常不稳定的态度，会引发孩子不可抑制的情绪波动，阻碍他们眶额区的发育。这样的孩子在成长过程中常常会不够自信，长大后容易在渴求被爱与害怕得不到爱之间来回摇摆。

　　所以，父母在不经意间的一个言行举止，都对孩子有至关重要的影响。孩子在大脑发育的过程中，非常需要父母的鼓励、信任和理解，并用言行一致的态度对待他。这样，就能让孩子的眶额区得到最快的发展，从而让他的情绪脑更快地完善。

> 　　成年人需要为孩子设定规矩，但应该是冷静、温和、带着爱意去这么做。

孩子的压力状态

　　有些父母可能会有认为，压力是大人才有的东西，那么小的孩子哪来什么压力？

　　其实，孩子也很容易产生压力。许多研究表明，**家庭中的冲突可能是孩子最大的压力来源。**

　　比如，孩子做错了事，父母就吹胡子瞪眼地大喊："你不能这样！真让人头疼，你简直不可救药！"此时，孩子会感到害怕、不知所措，接着压力倍增，因为他不知道如何应对父母的愤怒。如果父母经常发生矛盾，孩子也会感到压力水平上升，因为他不知道自己对此应该怎么解决。

　　最严重的情况是，孩子被消极情绪淹没，却得不到任何安慰，不被理解、也不被温柔对待，这时就会产生巨大的压力，然后身体就开始分泌大量的肾上腺素、去甲肾上腺素和皮质醇。这三种激素会对心情造成很大的影响。

当肾上腺素和去甲肾上腺素处于正常水平时，会使人充满能量和活力；可一旦它们的含量过高，就会使人变得焦虑和暴躁并随时准备攻击、逃避或退缩。当皮质醇处于低水平时也是有益的，能帮助人们平复焦虑；当皮质醇处于高水平时则可能使得人们产生无力感，丧失勇气、感到忧伤，并严重丧失安全感。

要是继续长时间地分泌这三种激素，还会影响身体的代谢和免疫功能，引发一些慢性疾病和免疫性疾病，甚至会对孩子尚未成熟的大脑造成严重的伤害。

了解了上述知识点，就能解释孩子的很多问题。

如果父母因为很忙而长期缺乏对孩子的陪伴，或是经常吼孩子，孩子就会感到压力倍增，大脑过度分泌肾上腺素、去甲肾上腺素和皮质醇。因此，他们会对外部世界充满不信任感，并导致他们要么攻击，要么逃避，要么退缩。如果孩子以逃避或退缩的方式应对，他就会时常感到抑郁，甚至会将自己屏蔽起来；如果孩子以攻击的方式应对，他就会变得暴力、不合群，时常跟别人发生冲突。

父母该怎么办呢？可以让孩子的大脑分泌什么东西来更好地应对和缓解压力呢？

催产素和内啡肽这两种激素能强有力地应对和缓解压力。它们能引发一系列的化学反应，最终减少皮质醇的分泌。

一切温暖的感觉刺激都能激发催产素的分泌。比如，喂奶、亲吻、爱抚、亲密的肢体接触，甚至只是接触到温水。即便与孩子没有接触，只是温柔的交流、兴致勃勃的分享，哪怕只是简单的对视，只要目光里有爱，也能激发孩子大脑分泌催产素，并由此感到身心愉悦。而一切令人轻松、舒适的相处（如跟孩子一起玩耍），都会让孩子的大脑分泌内啡肽，从而让他感到平静而幸福。

> **理解和安慰孩子，并不意味着让步和放纵。**

现在，你明白高质量的陪伴方式是什么了吗？

那就是，给孩子创设一个温和友善的环境，多跟他进行肢体接触，跟他认真地交流，和他一起游戏互动，促进他们催产素和内啡肽的分泌，从而让他的皮质醇能够稳定在正常的状态。**千万不要给孩子的童年留下太多的焦虑和压力。**

欧洲议会提出了"正向亲子关系"的概念，强调尊重孩子的权利，让孩子在无压力的氛围中成长。而这种关系建立在一系列基本的原则之上，包括以下内容：

- 富有感情的教育，满足孩子对爱的需要；
- 通过制定一些原则和界限，让孩子有章可循，给予他们安全感；
- 把孩子当作一个完整的个体，去倾听和鼓励；
- 非暴力的教养方式，排除一切体罚或精神折磨；
- 与孩子共度宝贵的时光。

聪明养育小贴士

科学育儿需要了解科学的知识，只有这样才能了解孩子行为背后的根源，也才能真正地理解与接纳他们，从而提高育儿自信，走出育儿困境，并找到陪伴孩子最好的方式。

知其然并知其所以然，才是父母们强大的武装。

聪明养育小练习

　　情景再现：孩子在考试前很焦虑，我该如何帮助他缓解压力？

1. 观察孩子的状态和情绪。

孩子的状态是：_____

孩子的情绪是：_____

孩子感到焦虑的原因是：_____

2. 我能为孩子做什么？

给他温暖的感觉刺激：_____

与孩子轻松、舒适地相处：_____

其他：_____

3. 在我做了以上努力后，孩子的反应如何？

孩子的状态是：_____

孩子的情绪是：_____

孩子的行动是：_____

如何高质量地
陪伴孩子
[法]卡特琳娜·盖冈

1 父母常见的育儿困境

- 无助

- 无暇

- 无知

2 孩子的情绪发展

- **情绪脑** 控制人的情绪

- **前额叶皮质** 情绪反应的主要控制中心

- **眶额区** 对人的情绪感知和共情起到根本性的作用

3 孩子压力的产生状态

 产生原因 过度分泌肾上腺素、去甲肾上腺素、皮质醇

解决方法 亲密的肢体接触+愉快的互动陪伴

激发孩子催产素和内啡肽的分泌

10

运用更符合
孩子个性的教育方式

想一想：

- ⊗ 人格统一在孩子行为中起到什么作用？
- ⊗ 为什么优越感、自卑感都会影响孩子的行为模式？
- ⊗ 如何引导孩子追求优越感，避免产生自卑感？

我们常常会有这样的困惑：为什么一个努力认真的好学生，考试失败一次就很难重拾信心了？为什么有的孩子无论怎么激励他，都总是那么懒散，永远提不起劲来？

人的性格往往能决定这个人做事的方式。因此，只有了解了孩子的人格形成，才能更明确地选择适合他的教育方式。

什么是人格统一

个体心理学认为，人的心理活动会通过人的行为反映出来。简单来地说，一个人的生活状态、人格特点，都会在其为人处世上体现出来。比如，一个生活非常贫穷、内心极其自卑的人，做事一定会表现出拘谨、敏感的一面，这就是他的人格统一。换句话说，**是什么样人，就会干出什么样的事。**

> **每个人的发展及行为，都是由他如何理解事物而决定的。**

人本主义心理学先驱阿尔弗雷德·阿德勒（Alfred Adler）在《儿童人格形成及其培养》(*The Children's Personality Formation and Cultivation*) 一书中指出，人们早在幼年期，甚至是婴儿时期，人格统一性就开始发展起来了。从个体初生为人、生长在一个什么样的家庭环境、父母对他是否充满爱意，这一切都在为他的人格统一做铺垫。也就是说，**人格统一是一个动态的过程**，人在熟悉了自己生活的环境后，会渐渐地把自己的行为、表现与环境融合在一起，形成一套独立化模式。

人格统一对孩子的行为有什么意义呢？

孩子需要按生活的要求做出回应，因此必须将自身和环境协调统一好，这个协调统一的方式就形成了人格。也就是说，孩子首先会在一个熟悉的环境中形成自己的人格，但当他生活的环境发生重大改变时，他就会按照这个人格的指引，在行为上做出相应的改变。

这种场景多见于多子女家庭。比如，大宝从小被全家呵护，在六岁前他的生活环境都很稳定，已经形成了以自我为中心的人格。在大宝到了六岁时，家里有了小宝，家人肯定会将更多的关注力分给那个初生的婴儿，大宝也肯定会感觉到环境发生了巨变，行为表现也会随之出现变化。然而，家人通常只会通过大宝的行为认为他脾气变坏了、非常暴躁，甚至会做出一些伤害小婴儿的恶作剧。

可是，真的是孩子变了吗？不是的。从人格统一的角度来讲，大宝在建立人格的初期就为自己设定了"全家人关注点"的目标，因此在之后他都会努力落实这个目标。由此可见，每个孩子的发展都是由他如何理解事物来决定的，父母不可以用"好"或"坏"来评判。在面对不同境遇的时候，人的行为会发生千变万化，但在深究背后的精神内核时就会发现，其实每个人每次改变自己的行为模式都是在维护自己的内心世界。因此，父母对孩子的教育落脚点应该在其人格塑造上，而不是一味揪着孩子的某个行为大做文章。

不能脱离孩子的整体人格来单看某个行为方面的表现，要学会理解孩子这个行为背后的意义。

人格形成的两大基石

发展心理学认为，新生儿在尚无自我意识的时候，就会先进入"全能自恋期"。人性中天然自带对优越感的渴望，与此同时，还会有一种强烈的自卑感与之缠绕。可以说，**人格是在人对优越感的追求和与自卑感的对抗过程中逐渐形成的。**

先来看看过分追求优越感对孩子的行为有多大影响。

你肯定见过这样的小朋友：他们在学习方面非常努力、刻苦，但也具有会令别人感到紧张的攻击性。比如，为了考试比别人分数更高，会故意给其他同学误导，如给出错误的复习范围。

这是一种特别典型的痴迷于追求优越感的小孩，如果没有合理的引导和帮助，在他们长大后，就会给同事设陷阱，以不良的方式与别人竞争。**旺盛的优越感会催生不合理的野心。**要是一个孩子十分渴望得到肯定，甚至以此为全部心理目标，那么往往很容易产生希望对手倒大霉的心思。这样的孩子难以忍受被别人超越，失败对他们来讲就像一场灾难，所以他们看起来很努力，但其实精神世界特别脆弱。为了对抗这种脆弱感，他们有时会产生要去给别人捣乱的念头。

对这种小朋友，父母的引导太重要了！人在一生中会经历数不尽的比赛，要让孩子多多参与各种竞争，引导他享受比赛的过程。举例来说，在跑步比赛中，不管孩子跑了多少名，父母都一定要找到孩子的闪光点并进行正向鼓励。比如，今天明明摔倒了可还是坚持跑完，太勇敢了！比如，天气这么热也没有放弃，非常厉害！不过，一定不要因为他得了第一名而奖励他，要尽量淡化名次。

优越感与自卑感是一个人心理的一体两面，互为补偿。因此，很多人都是既骄傲又自卑的。当自卑心理过重时，人们会迫切希望进行心理补偿，补偿的方式就是夸大自己的困难，或是把事态严重化，让自己和别人都无法面对。举个例子：

有个小伙子怕水、不会游泳，因此常常被同伴嘲笑。他的自卑心理越来越严重，直到有一天这种心理超过了他承受的范围，补偿心理就出现了——他在又一次被同伴嘲笑的时候，奋力从跳台上跳了下去。人们在震惊之余奋力把他救了起来，才避免了惨剧的发生。

这种"老实人"突然爆发的事件非常常见，人在明确知道自己马上要彻底失去尊严的时候很可能会做出非常危险的事。社会上有很多恶性事件，比如孩子被责骂得太厉害，一时冲动跳楼、跳桥，甚至对其他无辜的人做出恶劣行为。这些行为都与上述心理驱动有关，因为他希望借由"拼了"这一次的举动来平衡自己的胆怯心理。然而，无论他们做得好像多勇敢，都无法消除心中的胆怯。

> 孩子之所以对自己评价不高，是因为受到了周遭环境的影响，进而产生了不正确的观念。

面对这样的孩子，父母一定要在孩子小的时候就帮助他建立是非观，让孩子知道嘲笑他人的行为是可耻和错误的。假如孩子跟你哭诉自己因为某件事而被其他小朋友笑话了，你不要觉得好笑，嘻嘻哈哈地敷衍孩子，也不能吼骂孩子，更不能对孩子说"你怎么这么没用啊"之类的话，因为这些其实都是在帮别人一起嘲笑孩子。

此时，最好的方法是坐下来，认真听孩子倾诉，告诉他你很重视他的感受，而且一定要明确"你被嘲笑了，这不是你的错"。接下来才是就事论事地帮孩子进行分析、梳理，帮助孩子克服他害怕的东西。父母能以平常心面对孩子、引导孩子，孩子的自卑心理就会渐渐回到正常状态。

人格的统一其实就是在追求优越感和对抗自卑感的过程中形成的，自卑与优越感像一个人的 AB 面，听上去矛盾，却又非常统一，互相牵制着、影响着孩子的行为和逻辑。

> 只有了解了孩子的人格形成，才能更明确地选择适合他的教育方式。

如何引导孩子

以下讲述了三种常见的孩子，让我们一起来看看他们的内心是如何建构的，以及最合理的引导方法是什么。

被认为"小霸王"的孩子

溺爱一直是最容易引起孩子性格畸化的一种教育方式。父母在养育孩子的过程中，常常会不由自主地为孩子包办，不仅是因为希望孩子有更多的时间放在"正经事"（如学英语、练钢琴）上，还因为不太相信孩子有能力把事情做好，所以凡事都要插手，无论是在生活上还是学习上都给予孩子一种高密度的关注。有的妈妈甚至会明确地说："我生活的全部意义就是孩子。"

习惯了这种关注度以后，孩子进入学校后会立刻发现，老师对学生们的关注是均分的，自己不再是唯一，也不再拥有那种至高无上的权力。随后他还会发现，以前在家里只要学习就行了，别的都不需要自己操心，但进入集体后情况大变，这也会让他无所适从。孩子被过度关注会产生自我认知偏差，感觉无所不能，这其实跟婴儿时期的"全能自恋"很相似。这些孩子的内心根本没有顺利成长起来，社会经验又会让他们感觉底气不足，当发现别人不再围着自己转时就会开始捣乱，试图引回关注点。他们的行为逻辑仍然是"我要成为宇宙中心"。

父母该用什么方法引导这样的孩子呢？

方法 1：父母要坚持对孩子的教育方式的统一

孩子特别会分辨别人对自己的态度，以及家人之间的关系，因此如果家里的老人和孩子父母的教育观不一样，孩子马上就能敏锐地发现，并认为老人是自己的靠山，父母的教育效果就会大打折扣。无论如何，在教育方式中做决策的，最好都只是固定的那一个人。

方法 2：要带孩子参与社交

带孩子社交，能让他体验真实的世界。他不能总是待在家里，还要去外面看看，跟别的小朋友交朋友、合作，甚至是吵架拌嘴。真实的世界是有进有退、有挫折有成功的，这会让孩子明白自己是合作者而不是宇宙中心。

方法 3：不要夸大孩子的优点

不仅不要夸大孩子的优点，更不要让孩子觉得自己的优势是天生的。当你想夸孩子时，要夸他做事的态度、努力程度，不要说"你好聪明"，要让孩子知道努力、坚持才是最重要的。

突然厌学的孩子

这种孩子在日常生活中通常表现得特别争强好胜，尤其是在他们小时候，你会发现他们特别认真努力，是标准的"好孩子"，甚至在刚开始上学的时候，这类孩子也会比别的同学成绩更好，学得更认真。然而，随着学习难度的增加，或者升入高年级，他们会突然厌学，有的是不愿意再去上学，有的则是成绩一落千丈。此时最容易出现的误区是，老师严厉、父母也逼得紧，以为能够通过高压的方式激发孩子的好胜心，却发现孩子越来越消沉。

我们之所以频繁插手干预孩子的发展，还是源于我们是以孩子的学习成绩为基础来做评判的。因此，孩子在小的时候被建立了这种观念，追求优越感、让别人肯定自己成了他们的精神目标。一旦优越感受到打压，孩子就会渐渐失去信心，不想再做什么有意义的事，自卑心理也会让他们不再相信自己还能成功。

父母应该用什么方法引导这类孩子呢？

方法 1：父母要先改变自己的态度，把结果导向转变为过程导向

无论参与什么样的竞争和考试，父母应该跟孩子深究和复盘的是过程而不是结果。不要反复跟孩子说"你怎么考了这么点分"，这个真的不重要！重要的是，要去和孩子探讨，看看他到底是哪类题目没有搞懂。

方法 2：在入学前就应该先给孩子打好基础

现在太多父母被"快乐教育"带偏，以为所谓"快乐"就是在入学前放养、傻玩、什么都不用学——这可不是快乐啊！入学前，孩子原本就需要学习很多规则、学习调整心情的方法，以及学习团队合作等，这远比孩子会认多少个字、会数多少个数更重要。

方法 3：了解孩子善于用哪种感官来感受事物

幼儿不仅是用大脑来思考的，他们甚至可以用全身来思考。比

如，有的小朋友对韵律特别敏感，他们通过打拍子能念下来很多诗词，这就是他的强项；有的小朋友对颜色特别敏感，他们通过视觉来感受事物，更多的色彩冲击会让他们迸发更多的奇思妙想。每个孩子都有特别明显的优势，父母要帮他们找到优势，再运用到日后的学习过程中去。

方法 4：相信孩子，充分给孩子适应和学习时间

孩子的适应能力本来就不一样，不要总觉得别人家的孩子好，更不要以惩罚作为推助剂去打击甚至摧毁孩子的学习兴趣。

松懈倦怠的孩子

有这样一类小孩，他们表现得松懈倦怠，好像无欲无求，成绩中等偏下，父母教训他们的时候常常是恨铁不成钢、咬牙切齿地说："你就是懒！你要是不懒，就能考到 ×× 名！"孩子长年累月听着这样的评判会怎样呢？他非但没有变得努力勤奋，反而越来越懒，原来能考90 分，后来只能勉强过及格线。

这类孩子的心理以自卑为主导，优越感为补偿。父母主观地给孩子评判，认为孩子干不好某件事主要是因为懒，于是孩子的自卑心理会让自己用"懒"织成一个网，作为他的最低保障。因为和"蠢""笨"相比，"懒"这个词表达的意思是，"其实我是可以的，其实我能办到，我只是不愿意做而已"。这样一来，孩子靠这种心态来保护自己对优越感的渴求，长期隐在一个"我只是不愿意参与，并不是我做不到"的幻想中不肯出来。

无论什么事，这类孩子都表现得不感兴趣，用懒来充当"万一做坏了会很丢脸"的遮羞布。同时，因为他的懒，也会给与他相处的人造成麻烦，所以就会有人在一些看似无关痛痒的小事上选择对他伸手相帮，尤其是父母更容易犯这样的错。他们会觉得："与其跟你废话，

不如我自己做了算了！"在这种恶性循环下，懒的孩子会产生"我弱我有理"的心态，并继续这样懒下去。

父母应该用什么方法帮助这样的孩子呢？

方法1：父母要改变自己的口头语，不要再说"你就是因为懒"这种话

如果觉得孩子这次成绩不理想，那么可以坐下来与孩子重新回顾考试内容，给孩子更有针对性的复习方向。

方法2：有意识地锻炼孩子的意志力

体育项目的训练是非常能够锻炼意志的，不妨试着每天早起半小时，陪孩子一起去跑步。不必说教，只要每天坚持，孩子自然就会在这个过程中体会到什么是意志力。

方法3：不要打压孩子的兴趣

无论一个孩子多么懒惰，他一定还是有他喜欢做的事的，父母不要在孩子认真做事的时候嘲讽他，比如："你要是能拿出打篮球的一半精力给学习，也不会考这么差！"这种说法带给孩子的是羞辱和打击，有的孩子甚至会迫于这种压力，连兴趣爱好也渐渐抛弃了。在发现孩子对某件事感兴趣时，一定要给予鼓励，父母最好也能参与进来，帮助孩子在其擅长的方面更进一步，培养他的信心。

聪明养育小贴士

无论孩子表现出什么样的行为模式，父母们都一定要明白，孩子其实都是遵从自己的人格做出更有适应性的选择。因此，父母要帮孩子平衡优越感和自卑感，建立积极正向的人格，会让孩子受益终生。

聪明养育小练习

情景再现：孩子在一次比赛中没有取得好名次，我将如何应对这件事？

1. 观察双方的情绪状态，不要让气氛过于紧张。

我的情绪是：_____

我的想法是：_____

孩子的情绪是：_____

孩子的外在表现是：_____

为了和解气氛，我的做法是：_____

2. 认识到孩子心理的两面。

孩子内心的自卑是：_____

孩子内心的优越感是：_____

孩子的内心可能存在的想法是：_____

说出我对孩子内心可能存在想法的猜测，与孩子核对：_____

3. 对于孩子这次比赛没有取得名次，我可以如何帮助孩子？

改变态度，把结果导向转变为过程导向，对此，我可以这样做：

_____

儿童的人格
形成及其培养
[奥] 阿尔弗雷德·阿德勒

1 人格统一在孩子行为中
起到什么样的作用

什么是
人格统一

人格统一对
孩子行为的影响

人格统一对孩子
起到什么样的作用

2 为什么优越感、自卑感
都会影响孩子的行为模式

不合理地追求优越感，
会令孩子滋生不合理的野心

总缩在自卑心理状态
的孩子会难以适应社会

3 在教育中应该如何引导孩子
追求优越感，避免自卑感

被称为"小霸王"的孩子

突然厌学的孩子

松懈懒意的孩子

第
三
部
分

实操法
如何实现轻松高效养育

去情绪化管教

想一想：

ɕ 如何控制自己对孩子发怒？

ɕ 如何与孩子保持情感联结？

ɕ 如何创造性地处理育儿问题？

每一个孩子，每一次管教，都不可能一模一样。所以，不要期待能有一种万金油式的工具帮你解决所有问题。不过，的确存在一个适用于任何交流的准则，那就是：**管教的第一步，永远都是先跟孩子建立情感联结。**

> **管教的第一步，永远都是先跟孩子建立情感联结。**

蜚声国际的教育家、儿童精神病学家丹尼尔·西格尔等人在《去情绪化管教》（*No-Drama Discipline*）一书中提出，父母在管教孩子的过程中要避免情绪化，通过一种理性的方式去修正孩子的行为，即去情绪化管教。不需要跟孩子发生冲突，也不需要愤怒、哭泣和沮丧，就能让孩子守规矩。

可以说，去情绪化管教是一种关系导向的教养方式：从亲子关系出发，鼓励父母与孩子合作，通过爱与欢声笑语而不是严厉训斥，借助爱和理性获得更好的管教效果。

> **从亲子关系出发，借助爱与理性获得更有效的管教效果。**

情感联结策略

关掉"鲨鱼音乐"

先解释一下"鲨鱼音乐"这个概念，它源自西格尔曾做过的一个公开演讲。他在演讲中给观众看了一段 30 秒的视频。

在一片美丽的森林中，有一个人手持一部摄像机往前走。从他的摄像机屏幕中，观众可以看到一条田园小径，沿着这条路再走下去就是一片辽阔的、美丽的大海。整个视频的背景乐是平静的古典钢琴曲，给人一种非常安宁、祥和的感觉。

然后，他请观众再重新看一遍这个视频。还是同样的画面，只不过换了不同的背景音乐——电影《大白鲨》的主题曲，充满了紧张和威胁性。

原本祥和的画面突然看起来危机四伏，感觉不知道接下来会出现什么危险的东西。因为最后的画面是通向大海的，所以观众根据这段音乐来推测，最后出现的很可能是一条鲨鱼。

哪怕是完全相同的画面，配上不同的背景音乐，给人的体验也会呈现翻天覆地的变化：前者会带你走向安宁、祥和；后者则通往恐惧、惊慌。

这就是"鲨鱼音乐"这个概念的来源。也就是说，**我们在与孩子相处时，需要注意脑中的背景音乐**。当我们面对孩子的一些问题行为时，如果脑子里播放的是"鲨鱼音乐"，就会导致糟糕的后果——我们会根据自己表面的感知，对孩子做出一些消极的预设。就好像观众在看第二段视频时，会预设镜头接下来会出现的画面将是一条鲨鱼。

> **父母在与孩子相处时，需要注意脑中的背景音乐。**

比如，你的孩子和另一个比他小几岁的孩子在隔壁房间玩玩具汽车。突然，你听见那个小孩子开始大哭，走进房间发现玩具汽车在你的孩子手里……

你的第一反应，很可能是盯着你的孩子质问道："你为什么不给他玩？"如果那个哭着的小孩解释说："不是的，阿姨，我是刚才摔倒了，疼哭的。"此时，你会有什么感受？

你可能会意识到，你的预设是错误的，而让你误入歧途的就是脑子里的"鲨鱼音乐"。可能是因为你的孩子之前发生过类似的事，或是他在玩耍时总表现得比较粗鲁，所以你就认定，这次肯定也是他的问题。"鲨鱼音乐"太可怕了，它很容易让你无法用客观的态度去了解事情的真相。

所以，在你再次去管教孩子的时候，请先暂停几秒，听听自己脑中回旋的是什么配乐。如果你听到的是平静的钢琴曲，你感觉自己能够给这个情景提供温柔的、客观的、清醒的反馈，就照这个样子来做。如果你意识到自己脑中响起的是"鲨鱼音乐"，就要谨慎地对待你接下来要做的事和要说的话。直到你感觉自己已经放下了恐惧、期待和过分敏感时，再去给予反馈。

保持好奇心

我们总是说，要倾听孩子、了解孩子、理解孩子。那么，支持这些行为的动力除了爱，还有什么呢？还有好奇心。**好奇心是有效管教的基石。**如果你对孩子毫不好奇，你就不会真的想探索他一言一行背后的原因，而只是强迫自己去倾听和理解。这样就会很勉强，也不容易真正做到理解孩子。

> **好奇心是有效管教的基石。**

比如，你走进洗手间，发现孩子把抽屉里所有的东西都翻了出来，用你的口红在镜子上画画，还把一整卷卫生纸泡在水槽里……面对这个场景，你要怎么保持冷静与平和呢？你可能会想，深呼吸，然后默念："不生气，不生气，不生气，亲生的，亲生的，亲生……"这样的方式当然有用，但未必能从根本上解决问题，因为你只是在压抑自己的情绪。

除非，你的第一反应是对孩子充满好奇："他为什么会这样做呢？""他是觉得很好玩，还是想要表达什么？""他是在做游戏，还是在进行天马行空的创作？"

当你心怀好奇时，就不会被当下的情况困住，也不会觉得被挑战了，更不会感到很愤怒。

你或许会感到有些沮丧、无可奈何，但这没关系，请尽快地去探求为什么，让好奇心替代你现在所有的感觉。去和孩子谈一谈，问问他发生了什么，你很有可能会听到一些至少在他的角度来看完全合理又很好笑的东西。如果你愿意像刚才说的那样做，就能了解孩子的情感需求，以及他的行为背后更准确的信息。

当然，保持好奇心并不是说我们无论何时都要去问孩子"你为什么那样做"。因为这个问句本身可能也包含着判断和反对。而且，有些孩子——尤其是年幼的孩子，并不知道也说不清楚自己为什么会那样做，因为他们还不能对自己的目标和动机有非常明确的洞察和认知。因此，这个策略的重点，不在于直接问孩子为什么，而是**父母需要主动去探求为什么**。父母需要多在脑中问"为什么"，让自己产生好奇，去思考孩子的内心需求是什么。

聚焦怎么说

父母对孩子说了什么自然很重要，但更重要的是怎么说。

设想这样一个场景：已经很晚了，二岁的孩子还不肯上床睡觉，以下是同样内容的不同表达：

- 怒目圆睁、大声而愤怒地说："上去！"
- 紧咬牙关、眯起眼睛说："上去。"
- 面部放松、声音温暖地说："上去。"
- 表情滑稽、傻里傻气地说："上去。"

在以上例子中，都是"上去"两个字，产生不同效果的是怎么说。正是这个"怎么说"，决定了孩子对自己和父母的观感，也在很大程度上决定了孩子此时的反应，还决定了双方是否能获得让大家都满意的结果。从长远来看，这也决定了孩子能从中习得什么样的待人之道。

情感联结的步骤

情感联结是一个由四个步骤组成的循环过程，分别是：**安慰、认同、倾听和反射**。顺序不一定完全一样，但总体来说至少得按照这四个步骤都实施一遍。

步骤 1：安慰

最有力的安慰方式是非语言反馈，也就是与孩子有肢体接触。比如，握住孩子的手臂，将他拉近，轻抚他的后背，抓住他的手。无论是用手指轻捏这样细腻的动作，还是大大的拥抱这种充满慈爱的肢体接触都具有神奇的力量，能够迅速缓和紧张的局面。

为什么亲密温暖的肢体接触是最有力的安慰方式呢？因为安慰会传递的一个重要信息，就是"我对你不会构成威胁"。而傲慢的姿态、生气的脸色、恼火的语调、恐吓的姿势……这些都会激活孩子的下丘脑，让他们产生"有威胁"的感觉。

许多人都说，交流时要与孩子平视，但其实最快速的传达安全感和无威胁感的办法，是**低于孩子的视线，摆出放松的姿态**。比如，你可以直接坐在地板上。同时，还要将语言和非语言信息（如肢体动作、表情）相结合，向孩子表明："我就在这里陪伴你。我会安慰你、帮助你。"如果你试过就会发现，这个办法真的很神奇，孩子居然很快就冷静下来了！更神奇的是，在你摆出放松的、不具威胁的姿势后，也能让自己尽快平静下来。很多试过这种方法的父母都反馈，这比他们试过的任何一种让自己快速冷静的办法都管用。

当然，如果你是在车里或正在过马路，是不可能突然坐在地板上的。有时，"坐在地板上"是一个比喻，指的是你可以用你的语调和姿势，以及充满爱意的语言来传达"无威胁感"，这样你就能和孩子建立情感联结，让双方尽快平静下来。

步骤 2 和步骤 3：认同和倾听

关于认同和倾听，这二者的核心是，向孩子的主观感受靠拢，去理解和接纳他的感受。

步骤 4：反射

重点说一下反射，它指的是要把你的理解反射给孩子。也就是说，不光是你听懂孩子的话就够了，还得让他知道你真的听懂了，这个反馈很重要。

比如，可以这样告诉孩子："我听明白你的话了，我让你必须从聚会中离开时，你真的很不情愿，怪不得你当时那么抓狂呢！"只要让孩子知道，你真的领会了他说的那些东西，就能大大缓和他的消极情绪。

不过，也要注意反射的方式——**既要把孩子的感受反射给他，又不能强化他错误的认知。**

西格尔分享了一个案例。

六岁的女孩萨莉，因为被哥哥频繁戏弄而非常生气，不停地大喊大叫。然后，她妈妈蹲坐在地上，用低于女儿的视线看着她，随后拥抱她、抚摸着她的后背，向她表达安慰。可是，萨莉还是哭着说："我讨厌哥哥！我恨死他了！"

妈妈对她说："你这么生气我很理解，如果别人这样戏弄我，我也会很讨厌的。但我知道你是爱哥哥的，你们俩几分钟前还在一起很开心地玩小马车呢！你只是现在对他很生气，是吗？"

这是一个很好的关于反射的案例。在这个案例中，妈妈让萨莉知道，她是理解女儿的感受的；同时又不能让萨莉把对哥哥的恼怒转化成一种长久的认知。因此，妈妈提醒萨莉，你们在其他时候还是相处得很愉快的。而这种反射，其实又把人带回到第一个步骤，因为这也是在表达安慰。这样一来，这个循环可以再来一遍。

创造性地处理问题

幽默和耍宝是在与孩子相处的过程中最具创造性的好办法。尤其是在孩子年龄比较小时，这会彻底改变亲子间互动的方式，比如，用傻傻的语调跟他说话，诙谐地摔个跟头，或者用点搞笑的小手段。

想象一下，六岁的孩子正在跟你闹脾气，突然，他看到你被客厅里的小玩具"绊倒"，并表演了一个滑稽的"大马趴"时，他大概就很难再保持对你的怒气了。

或者是，五岁的孩子不愿意离开公园回家。这时，你不妨让他试着追你，然后你一会儿咯咯咯地笑，一会儿又假装害怕被捉到而尖叫……那么离开公园这件事就会让孩子觉得有意思得多。

总之，**让事情变得有趣起来是戳破孩子情绪泡沫的绝佳办法。**

对此，有些父母可能会觉得，这也太麻烦、太耗精力了。而且，如果我本身也处于情绪很消极的状态，那么我可打不起精神去逗孩子，我只是期望孩子能乖乖坐上车，能快速穿好鞋，能自觉地把作业完成……否则，就只想吼着他去做！

不妨比较一下这两种选择：一种是拿出创意，保持幽默，这的确可能会让你在起初会感到委屈甚至不爽；一种是继续跟孩子对峙，这很可能会让你们陷入"无计可施"的纷争，反而浪费更多的时间和精力。如果你选择第二种，岂不是会更加不爽吗？

因此，不如平时多做做这方面的练习：试着来点幽默，试着犯一次傻。即使你并不喜欢这样，也请努力表现得更有创意一些。避开那些冲突，否则它们会吞噬你的生活，夺走你们亲子关系中的那些乐趣。

聪明养育小贴士

管教的要义不再是单纯的"管"，而是要跟孩子建立情感联结，与他们保持友好的合作，理性地向孩子传递爱。

聪明养育小练习

情景再现：孩子的班主任打电话来说，孩子在学校和其他同学发生争执，并伤到了对方。

1. 觉察我脑中的背景音乐。在没弄清楚事情的来龙去脉前，先关掉脑中的"鲨鱼音乐"。

我脑中的背景音乐是：_____

2. 与孩子建立情感联结，让孩子感受到我在陪伴着他。

我会这样安慰：_____

我会这样认同：_____

我会这样倾听：_____

我会这样反射：_____

3. 保持好奇心，去思考孩子为什么会这么做。

我会这样问：_____

我会这样做：_____

孩子的回应是：_____

4. 与孩子共同思考解决方法及补救措施。

我会这样问：_____

我会这样做：_____

孩子的回应是：_____

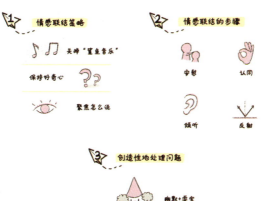

12

做孩子的倾听者

想一想:

cs 为什么需要倾听孩子?

cs 什么是游戏式倾听?

cs 如何与孩子成为倾听伙伴?

伏尔泰曾说过："耳朵是通往心灵的路。"因此，千万不要小看倾听这件事，尤其是倾听孩子，否则父母很可能会因此错过贴近孩子心灵的机会。

倾听绝不是简单地用耳朵听。

如果父母一边玩手机或一边做家务，一边敷衍地听孩子说话，那是完全无效的。有效的倾听，必须把全部的注意力都放在孩子身上，并引导孩子表达他的想法和感受。此外，有效的倾听还需要从精神和情感上去关怀孩子，这样才能在亲子间建立爱与信任。

帕蒂·惠芙乐（Patty Wipfler）在《倾听孩子》（*Listening to Children*）一书中指出，为了让孩子能够在童年时期健康成长，父母必须学会倾听孩子；为了更好地倾听孩子，父母自身也需要得到倾听。

为什么需要倾听孩子

孩子要健康成长，需要与父母维系感情纽带。这种感情纽带会给孩子带来足够的安全感，让他产生良好的感受，乐于学习、探索、关爱他人；同时也有利于孩子的智力发展，使孩子能够更好地感知和思考，并成功地应对生活中的挫折。因此，孩子能否感知到这种感情纽带的存在是很重要的。

可是，由于孩子们的大脑发育还没成熟，他们的感知往往是很脆弱的。一个粗暴的词语，一个生气的眼神，就会让孩子丧失这种感知。与父母分开一段时间，或是目睹父母之间的争吵，更会影响孩子的感知。孩子会因此变得脆弱、无法思考，并向父母发出求助信号。他们的求助信号通常是以下两种表现：

- 烦躁不安，大发脾气，大哭大闹；
- 行为怪异，做一些不理智的、无意义的事情。

其实，这两种表现是孩子非常常见的状态，但很多父母并没有对此给出恰当的解释。大家只是认为，孩子就是这样的，他们就是莫名其妙、让人不可捉摸的。不过，现在我们明白了，当孩子感知不到感情纽带的存在时，就会通过这些行为企图与父母重新建立感情纽带。

这时，帮助他们恢复感知的最佳方法就是倾听，这也是父母需要倾听孩子的原因。不过，并不是说一定要在孩子求助的时候才去倾听他们。父母应该把倾听当作一种相处常态，并安排一段特殊时光来倾听孩子，这样才能更加巩固亲子关系。毕竟，亲子关系的核心，是父母与孩子真正在一起的时光。

> **亲子关系的核心，是父母与孩子真正在一起的时光。**

安排特殊时光也是有讲究的，需要注意以下几个要点。

要点 1：安排一段不用太长但要有保证的时间

在这期间，不能有任何干扰——不能接打电话，不能同时照看其他的孩子，也不去沏茶倒水。总之，除了和孩子在一起，不做任何事，保证这段时间只属于你们两个人。

要点 2：在这段时间里，孩子可以支配你去做任何事

也就是说，让孩子知道，他想要你做的任何事你都愿意做，无论他是口头告诉你还是暗示你，你都会去照做。这种颠倒了"日常生活中力量对比"的做法，能鼓励孩子与你进行更深度的交流。

要点 3：让孩子知道你确确实实地欣赏他

要让你的关心、赞许和对孩子的兴趣，明显地表露在你的脸上、你的声音和抚摸中。对于你的热情，孩子可能不一定有特别明显的反应，但不要中止你的表露，孩子会感受到这份关注与认可。

要点 4：克制自己，不要去指导孩子玩耍

孩子需要运用自己的判断力来探索和学习，而指导孩子玩耍则会妨碍你更加全面地了解他。只有在孩子的行为有明显的不安全因素时，你才需要去干预。

倾听并不仅仅只是在对话的过程中进行，它指的是一种状态，是一种你随时愿意关注孩子、了解孩子的状态。

游戏式倾听

接下来将介绍一种通用的倾听方式——**游戏式倾听**，可以改善倾听的效果。

顾名思义，游戏式倾听就是用游戏的方式来倾听孩子，其关键是让孩子笑。我们要在平时的日常生活中观察什么样的事情和行为能让孩子发笑，然后多做几次那样的事情和行为。

比如，跟孩子玩捉迷藏的时候，不要很快就找到他，而是慢慢地、边找边大声地自言自语："咦？藏哪儿了呢？"发现孩子以后，悄悄地靠近他，并假装没注意，然后转身继续找，边找边说："哎呀，这个小家伙藏得还挺好。"这时，孩子一定会在心里偷笑。

为什么要让孩子笑呢？这种游戏式倾听有什么好处呢？

让孩子发笑，是帮助他们消除消极情绪（包括恐惧、紧张、压力等）的绝佳途径。

以下描述了两种场景，能让你感受到游戏是倾听的力量。

场景1：

你教孩子学游泳，他不敢下水。你知道，你不能强逼他。这时，你可以站在他身边，先把脚尖探进泳池的水里，然后假装害怕地大叫一声，再把脚抬得老高。这时候，原本害怕的孩子会因为看到你同样害怕的反应而释放一部分恐惧。如果他特别调皮，很可能还会把你的脚推到水里继续看你害怕的样子，然后自己笑起来。

场景2：

你在街上遇到朋友，孩子不认识，于是他躲在你的身后不敢打招呼。你可以弯下腰用衣服裹住他，然后神秘兮兮地向朋友介绍说："我把我家的小宝贝藏进衣服里了。来，让我找一找。"当你真的用手做出找孩子的样子时，他一定也会笑起来，而且不会那么紧张了。

在孩子感到压力时，你可以和他玩"枕头大战"来帮助他放松。首先，检查所有的枕头是否安全，最好选择没有拉链或纽扣的枕头。然后，和孩子一起制定游戏规则，比如，谁最先打到对方屁股五次，谁就赢了。接着，在游戏过程中，你可以假装被孩子击倒，然后哼哼唧唧地扯着他的胳膊，夸张地求饶。这样一来，也能轻易地把孩子逗得哈哈大笑。孩子只要笑了，那么不管是紧张还是恐惧，大部分情绪都能得到释放。

有些父母可能不太习惯在孩子面前表现出这样笨拙、幼稚的一面，但你要知道，孩子很喜欢你做这些"有失身份"的事，因为那代表着你在真正地靠近他。

游戏式倾听不仅能缓解孩子的情绪问题，还能用来管教孩子，让你更有效地对孩子说不。

比如，孩子突然做出一些不太好的行为，你想告诉他不能这么做，不妨试着用夸张的口吻说："哇！这样做你可要有麻烦啦！"或者，一把抱住孩子，诙谐地说一句："我是警察，不许动！"用这样的方式说不，可以缓和孩子当下的情绪，也更容易让他合作。

把孩子叫停后，你还需要认真地倾听孩子，确认他到底需要什么。

你要蹲下身子靠近他，看着孩子的眼睛，观察他的状态，并询问他有什么问题：为什么要大喊大叫？为什么要踢桌子腿？如果孩子只是因为找不到另一只袜子而心烦，你就帮助他去找。如果有更复杂的缘由，你就再多花一些时间，耐心地让他慢慢说出自己的想法。

你会发现，其实并没有特别具体的操作，核心就是用游戏的态度跟孩子相处，让孩子通过笑来释放情绪，从而更愿意向你吐露他真实的想法。只要去积极尝试，你就能逐渐摸索出一些更加适合自己的方法。

介绍两条基本原则。

原则1：要有充满爱的身体接触

比如，热烈的拥抱，用鼻子蹭孩子的身体，一起在地板上打滚、摔跤……这些都会让孩子既开心又有安全感。因为孩子们天然喜欢一遍一遍地重复"逃跑、被捉住、被搂抱"这样的过程。

原则 2：扮演弱者，不要压过孩子

一定要记住，你的目的是让孩子在游戏中始终具有优胜感。因此，需要恰到好处地把握分寸，时刻保持警醒，并密切注意孩子的反应。如果你在游戏中表现得太强了，那么孩子可能会感到惶恐、挫败，这时就需要你立即调整表现，动作尽量放慢一些、笨拙一些，让孩子恢复安全感。

与孩子成为倾听伙伴

我们一直都强调，要做更好的父母，先做更好的自己。为了保持健康的情绪状态，持续拥有信心和力量，父母本身也是需要被倾听的。因此，父母可以与大一点的孩子建立倾听伙伴关系。

什么是倾听伙伴关系？就是两个人轮流倾听对方的倾诉。倾听伙伴关系能够给彼此提供一个释放情绪的机会，帮助对方重新恢复自信和精力。同时，还能探索出新的思路，为彼此提供需要的帮助，从而更成功地应付日常挑战。你可以与孩子甚至任何你觉得适合的人建立这种关系，时间长短也完全由双方决定。原则就是：一半时间你做倾听者，对方来诉说；另一半时间由你诉说，对方做倾听者。

倾听的核心作用，就是协助对方专注于他自己的思考和感觉。

要在这个过程中做到有效倾听，需要注意以下几个重要原则。

倾听时专注于孩子的问题，不要因自己而分心

这条原则意味着，你要把自己的体验和反应丢到一边，集中全部注意力倾听对方的体验和情绪。

很多人可能都没有意识到，人们经常会把别人的注意力引向自己

的问题和想法。比如，对方刚说他今天遇到了麻烦事，你听完马上就说道："哎，我今天也是，烦死了。"你可能会觉得这是一种"友善的安慰"，表示你感同身受，可是，作为倾听伙伴，你并不是要安慰对方，你倾听的核心目的是协助对方想办法解决问题。尤其是在倾听孩子的问题时，如果他刚说出自己的问题，你就把话题引到自己身上，孩子接下来可能就不想再继续向你倾诉了。因此，要尽量避免谈自己的经历，就算你有类似的成功经历想要分享，也请等到轮到你分享时再说。

> **倾听的核心目的是协助对方想办法解决问题。**

避免因急于做出反应而打断孩子的话

我们常常喜欢用自己带有强烈感情色彩的反应去打断对方的叙述。比如，孩子告诉你，他比较薄弱的数学要考试了。这时你觉得，你应该表示同情和关心，于是就很夸张地说："啊！天啊！又要考数学了啊！你准备得怎么样了啊？你一定很焦虑吧！"

其实，这样只会增加孩子焦虑的情绪，无法帮孩子整理思绪并理性思考，更无法安心备考。善于倾听的父母，只需要简单地说一句"这样啊，别担心"，然后轻轻地握住孩子的手或拍拍孩子的肩膀就行了。一旦孩子感受到了父母的关心，自然就能缓解焦虑，安心复习，充满自信地去考试。

努力识别孩子话语背后的需求

既然我们是要通过倾听帮助孩子，那么自然需要从谈话中发现他的问题到底是什么。不过，孩子往往不一定会完全袒露，甚至他有时自己也未必想得清楚、说得明白。

此时的关键就在于，要留心孩子在谈话时带有情绪的、再三重复的语句、话题，以及不断出现的表情和手势。这些信号会为你提供线索，帮你找到值得注意的问题。

举个例子，孩子这样对你诉说："我不知道该说什么……其实也没什么好说的。没发生什么特别的事，就是和好朋友相处挺难的。上个星期，我的好朋友突然在回避我，和别的同学走得很近，这已经不是第一次了，我也不知道是为什么，而我又能做什么呢？"

很明显，孩子在叙述中体现出了一种无能为力的情绪。他想让你了解，这种无能为力让他觉得人际交往很难。他真正想表达的意思是："我最近与好朋友的关系很糟糕，可我完全不知道应该如何是好，你能帮助我吗？"

其实，只要你能识别出这个需求并反馈给对方，就已经是在帮助孩子厘清思路了。

协助孩子尽情释放情绪

大笑之后，往往能让人快速地镇定下来，这样的聊天氛围会让双方都感到安全和轻松。孩子更喜欢这样的氛围。

因此，你可以试着把注意力集中在让孩子发笑的点上。比如，模仿他的声调，重复他刚才笑着说出来的话，或随着他一起大笑。如果孩子陷入了难过的情绪中，需要痛哭一场，你也需要为他营造一个安全的氛围。你可以拉着孩子的手，还可以给他一个拥抱。

聪明养育小贴士

爱孩子的父母很多，但真正愿意倾听并懂得倾听的父母却很少。唯有用心地倾听，才能让我们跨越银河，走进孩子丰富的内心世界。

聪明养育小练习

情景再现：孩子放学回家后显得很不开心，我将如何倾听他？

1. 专注于孩子的问题。

孩子的问题是：＿＿＿＿＿＿＿＿＿＿＿＿＿＿＿＿＿＿＿＿

孩子表现出的情绪是：＿＿＿＿＿＿＿＿＿＿＿＿＿＿＿＿

2. 努力识别孩子谈话背后的需求。

孩子背后的需求是：＿＿＿＿＿＿＿＿＿＿＿＿＿＿＿＿＿

3. 协助孩子尽量释放情绪。

我会这样做：＿＿＿＿＿＿＿＿＿＿＿＿＿＿＿＿＿＿＿＿

4. 记录自己打断孩子的情况。

我说了或做了什么：＿＿＿＿＿＿＿＿＿＿＿＿＿＿＿＿＿

5. 试着用游戏式倾听的方式，记录效果如何。

我说了或做了什么：＿＿＿＿＿＿＿＿＿＿＿＿＿＿＿＿＿

孩子的反应是：＿＿＿＿＿＿＿＿＿＿＿＿＿＿＿＿＿＿＿＿

最后的结果是：＿＿＿＿＿＿＿＿＿＿＿＿＿＿＿＿＿＿＿＿

我的感受是：＿＿＿＿＿＿＿＿＿＿＿＿＿＿＿＿＿＿＿＿＿

倾听孩子

[美] 帕蒂·惠芙乐

1 为什么要倾听孩子

利于维系亲子间
的感情纽带

2 游戏式倾听：让孩子绽笑

帮助孩子克服恐惧、
压力、紧张

 更有效地对孩子说不

3 与孩子成为倾听伙伴

专注于孩子的问题

 识别孩子的真实需求

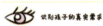 协助孩子释放情绪

13

用共情走进孩子的内心

想一想：

ભ 你是什么情绪处理型父母？

ભ 情商包含哪些核心的能力？

ભ 如何进行情绪管理训练？

情商到底有多重要，这个话题已经不需要再过多强调了。有些父母会说："唉，我的情商就不高，所以我得让孩子的情商高一些。"

可是你知道吗？孩子的情商往往跟父母的情商有很大的关系。

美国著名心理学家、心理治疗大师约翰·戈特曼（John Gottman）在《培养高情商的孩子》（*The Heart of Parenting*）一书中指出，**父母与孩子之间的情绪沟通方式，决定了孩子情商的培养。要想培养一个高情商的孩子，父母需要先提高自己情绪管理的能力。**

成功育儿的关键，并不在于什么高深复杂的理论或是晦涩难懂的教条，而在于父母对孩子深切的爱和感情，并通过理解与共情，把这份情感传递给孩子，尤其是在他伤心、生气和害怕的时候。简言之，情绪是表达爱的出口，父母需要先做好自己的情绪管理，才能提高孩子的情商。

本章就来分享一下如何与孩子共情，引导孩子应对消极情绪，并制定清晰的边界，从而提高孩子的情商，教会孩子受用一生的情绪管理能力。

父母的四种类型

要想成为更好的父母，必须先来审视自己，了解自己属于哪种类型的父母。

约翰·戈特曼基于大量研究，从父母对待孩子的情绪（尤其是消极情绪）的角度，将父母们大致分成四种类型：忽视型、压抑型、放任型和情绪管理训练型。

忽视型父母

听到"忽略型父母"这个词，很多人的第一反应可能想到的是完全无视孩子情绪、不在意孩子感受的父母。其实这并不准确，因为很多忽视型的父母很可能看上去是很爱孩子的。

比如，有些父母发现孩子不高兴了，就会抱起孩子并哄道：

"小宝贝干吗哭丧着脸呀，要不要给你买点好吃的呀？"

"别不开心了，妈妈给你买个新玩具好不好？"

"来，给妈妈笑一个，妈妈陪你去你最想去的儿童乐园！"

总之，就是尽可能地哄着孩子，试图让孩子高兴起来。你可能会觉得，这听起来好像也没什么不对啊？我们平时在安慰孩子甚至是成人的时候，好像和这个差不多啊！

然而，这种反应的本质，其实只是想要直接解决"孩子不高兴"这个问题，却忽视了孩子当下的情绪感受。

父母的这种反应是可以理解的。

父母一方面可能担心，过于关注消极情绪会不会把它放大，从而影响孩子的性格；另一方面，父母可能并不知道该如何面对和处理消极情绪——当孩子不高兴甚至是哭闹不止时，自己也会感觉很沮丧，觉得拿孩子没办法，好像被孩子左右了……因此，干脆忽视孩子的情绪，用这种看似在"哄"其实是转移焦点的方式，关上了孩子情绪发泄的大门。久而久之，便形成了一种"习惯性的忽视"。

对于这些反应——无论是温和的还是幽默的，孩子接收到的都是同样的信息：爸爸妈妈在忽视我的情绪，我的情绪对他们来说不重要。

压抑型父母

压抑型父母对待孩子消极情绪的态度则是否定、批评和斥责，希望尽快把孩子的情绪压下去。他们关注的焦点往往不是孩子的情绪，而是孩子因情绪产生的行为。

比如，孩子因为生气而跺脚，压抑型父母会聚焦到跺脚这个行为上，批评孩子跺脚的行为是不对的，却丝毫没有去思考孩子为什么生气。

而且，他们还可能把这些行为解读成孩子是在操控自己：

"哼，每次不高兴就噘嘴，是想故意挑衅我吗？"
"你动不动就哭闹打滚，根本就是在威胁我！"

这种对消极情绪的压抑，更多的是一种本能的反应和习惯，是很多父母自己未必意识到的。

跟忽视型父母一样，压抑型父母自己也不懂得如何面对与处理消极情绪，他们甚至是很害怕的——害怕孩子情绪失控，也害怕自己情绪失控。因此，就产生了这样一种自动压抑消极情绪的反应机制，在某些极端的情况下，父母可能会干脆不允许孩子表达任何消极情绪，比如这样吼孩子："你不许哭！把眼泪擦干！"甚至还会揍孩子一顿。

这样的反应对孩子的影响是，他们会觉得消极情绪是错误的、不被接受的，从而觉得悲伤、难过等情绪是一种"奢侈品"，自己不配拥有。

放任型父母

放任型父母跟前两种类型完全相反，他们极度体谅和包容孩子的情绪，充满了共情，无论孩子遭受了什么，他们都会努力地理解孩子的感受。

这听起来好像没有什么问题啊？不过，从这种类型的名称上来看，还是能够找到端倪的。

所谓的"放任"，就是不干涉：孩子难过大哭，就让他尽情哭，哭到不想哭为止；孩子生气踹桌子，就让他一直踹，踹到消气了为止……他们觉得，只要让孩子痛快地表达并发泄自己的情绪就可以了。

因此，他们的问题是，面对孩子的消极情绪，既不能提供有效的指导，又不能给孩子的行为划定界限。他们只希望让这件事赶紧过去，却没有意识到需要帮孩子从情绪体验中学习和成长。

这类父母自身也很迷茫，他们只知道不能忽视和压抑孩子的情绪，却不知道除了让孩子自由发泄外，自己还能做什么。从本质上说，放任型父母和忽视型、压抑型父母一样，都缺乏处理消极情绪的能力。

然而，这种无原则地接受和认同，会给没有太多生活经验的孩子带来极大的恐惧，因为没有人可以告诉他们，在难过、生气时该怎么办。长大之后，他们在面临消极情绪时将会在痛苦中挣扎，完全不知道如何解脱。

显然，如今大部分在情绪方面有问题的人，往往出自忽视型、压抑型或放任型的家庭。

不妨把这三种类型的家庭教育当作三面镜子，反思你是不是源自这样的家庭，以及你是不是又延续了同样的模式去对待你的孩子呢？

> 父母对孩子的回应程度，与孩子的情商有**直接**的关系。

情绪管理训练型父母

情绪管理训练型父母担当了孩子情绪世界的导师。他们不仅接纳孩子的情绪，善于倾听和引导，还会对孩子的不当行为划定界限，教孩子如何调整情绪，找到合适的表达方式，并指导他们解决问题。

> 父母应该对孩子的行为划定界限，而对其情绪和愿望全部包容。

情商包含的三种能力

要成为情绪管理训练型父母，自然要先了解情商包含什么。它包括**情绪感知能力、共情能力、自我调控能力。**

情绪感知能力，就是感知自己当下情绪的能力。我现在是快乐、激动，还是欣慰？

共情能力，就是理解他人感受、体验他人内心世界的能力。对方此时此刻是什么感觉？

接下来将重点介绍自我调控能力，即在面临环境要求时，一个人能够自主选择应对策略的能力。

比如，自我调控能力高的孩子，在学习上能够快速恢复平静和集中注意力。当发生一件紧急或兴奋的事情时，他们的心跳会在短时间内加快。一旦紧急事件结束，他们的身体很快就能恢复到正常状态。以学校在上课期间突然进行消防演习为例。

高自我调控能力的孩子，能够立刻从教室内有序、迅速地撤离。一旦消防演习结束，他们就能在短时间内平静下来，调整状态，重新集中注意力，关注老师接下来所讲的内容。

相比之下，自我调控能力较低的孩子，在演习开始时可能会感到困惑："什么？现在就要离开？还没到下课时间呀？"演习结束后，他们回到了教室，又会花好一阵子才能从刚才的兴奋感中平静下来，重新调整为学习状态。

以上是在学习方面的表现，在社交方面，自我调控能力高的孩子能在承受压力的情况下保持镇静，安慰自己并思考解决办法。

约翰·戈特曼曾做过的一项游戏研究，记录了这么一个片段。

一个四岁的小男孩和一个四岁的小女孩发生了争执。男孩想玩"超人"游戏，女孩则想玩"过家家"。在表达了几次自己的意愿后，小男孩平静下来，提出了一个折中的建议，他说："那我们就假装是在超人的家中玩过家家，好不好？"小女孩也认为这是一个很棒的主意。于是接下来，两个孩子尝试了这个创意游戏，开心地玩了半个小时。

> **对压力做出回应、快速复原的能力，对孩子的童年乃至一生都极其重要。**

要知道，两个四岁的孩子能快速做出这样一个创造性的妥协，展现的就是他们的自我调控能力。可以发现，这背后其实也包含着感知自己的情绪、倾听对方的需求、站在对方的立场进行共情……这几个能力整合在一起就是情商。

换句话说，情绪管理能力本身就是个综合能力，需要多方面的训练，也能带来多方面的价值。

> 接受过情绪管理训练的孩子，能拥有更好的学业表现、更强的社会竞争力和幸福感。

情绪管理的四个训练

共情训练：觉察孩子的情绪

共情最好的办法，就是把自己置身于孩子的位置，用孩子的眼睛观察世界。

这听起来简单，但做起来其实并不容易，因为父母跟孩子的认知与感受偏差太大了。

比如，孩子养的小金鱼死了，你虽然也会有点难过，但更多的是觉得没什么大不了的，可以再买一条，时间也能治愈一切。然而，对一个第一次面对这种经历的孩子来说，他受到的打击要比你强烈得多。

因此，需要时刻记得：在面对生活时，孩子是一个更单纯、更脆弱、更缺乏经验的个体。

此时，不妨想一想你小时候，第一次养的小动物死掉时你是什么感受？或是如果你现在每天精心照料的小猫小狗死掉了，你又会有什么感受？这样一来，或许你就能更加理解孩子了。

当我们觉得自己的心在向孩子靠拢，觉得自己能体会孩子的感受时，就是在共情，这是进行情绪管理训练的基础。

倾听训练：用映射法倾听孩子

很多父母都知道倾听的重要性。因此，在孩子表达他的情绪、说他感到很难过时，父母常常会温柔地询问："你为什么感到难过呢？"

不过，到了最后往往会发现，这种方式并不一定能让对话顺利展开。因为孩子可能想不出答案，或是说不出来自己为什么会感到难过，这很可能是因为他还没有足够的人生经验来帮助他进行思考。而且，即使他真的想出了答案，他也会担心这个答案未必能准确地表达出自己的感受。

在这样的情况下，询问的语气很可能只会让孩子无言以对。

此时，可以采用映射法，即重复你听到的话，并说出你观察到的现象。

比如，你可以这样说：

"宝贝，你看起来很累……"
"宝贝，当我提到考试成绩时，我发现你皱着眉头……"

说完，耐心等待孩子做出回应。

引导训练：帮孩子确认问题目标和解决办法

确认问题目标，也就是针对这个问题，孩子想要得到什么样的结果？

有时，答案会很简单：他想拼好一个玩具；他想解开一道令人困惑的数学题……

有时，情况则更为复杂，需要进一步确认。比如，孩子刚刚和小伙伴打架了，那么现在需要确认的是，他的目标是要进行报复，还是避免日后再发生争执，抑或是他只是过来向你寻求安慰。

确立目标之后，就要寻找解决方案。

对于小一些的孩子，可以通过角色扮演来引导。他们的思维模式往往是非黑即白的，通过表演来展示两种截然不同的情形会对他们的理解很有帮助。比如，拿两个玩具娃娃，表演它们因为一个玩具而发生争执。第一种情况，一个娃娃没有经过对方允许，直接从另一个娃娃手里抢过玩具；第二种情况，其中一个娃娃建议两人轮流玩这个玩具。表演之后，可以问问孩子："你觉得哪个娃娃说得对呢？"

对大一些孩子，则可以使用更传统的头脑风暴法，也就是让孩子尽可能多地想出各种各样的解决方法。在一开始就要告诉孩子，没有什么方法是愚蠢的，只有等到所有的方案都摆在桌面上，你们才会开始选择哪个方法更有效。你可以把和孩子想到的所有方案都用笔记下来，这样做也是在告诉孩子，你很重视和孩子讨论的过程。

界限训练：给孩子的行为划定界限

可以把孩子的行为划分成三大区域——绿色区域、黄色区域和红色区域，并跟孩子明确这几个区域的行为划分及相应规矩。

区域1：绿色区域

绿色区域代表你希望并认可的行为，所以会允许孩子这样做。

区域2：黄色区域

黄色区域代表孩子的行为是你不认可的，但基于某些原因会选择包容的。比如：四岁的孩子还做不到在公众场合全程保持安静；五岁的孩子会因为感冒很难受而跟父母发脾气；十岁的孩子在父母闹离婚时，对妈妈表现出不尊重……尽管这些行为也是不被认可的，但由于孩子年龄限制或是特殊情况，可以暂时选择包容。

区域 3：红色区域

红色区域代表无论如何都不会容忍的行为，既包含一些会伤害到孩子自身或是其他孩子的行为，又包括那些非法的、不道德的、不被社会接纳的行为。

划定好界限后，就需要让孩子知道，**遵守或违反规定会有什么样的后果，这个制定过程可以让孩子加入进来。**

比如，一个五岁的孩子把房间整理干净，帮妈妈做家务，这些是绿色区域的事，做了就要鼓励他。要是能长期坚持，就应奖励孩子一个玩具，或是带他出去吃一顿好吃的。而用东西随便打人、伤人、大声辱骂别人，这些就是红色区域的事，如果做了就会受到惩罚，比如罚站一个小时，或是没收他最喜欢的玩具等。

这个技巧神奇的地方在于，如果你直接规定孩子什么事情不能做，那么很可能会让他产生逆反心理。然而，如果你告诉他，这个行为属于红色区域，他就会以一种游戏的心态去看待并有一种仪式感，从而认真地配合你做出改进。

这就是孩子的可爱之处，以尊重和公平为基础，再借助一些小策略就能让他跟你合作。

聪明养育小贴士

高情商就是拥有良好的情绪管理能力，而父母与孩子之间有关情绪的沟通方式，在很大程度上决定了孩子情商的培养。父母需要慢慢向情绪管理训练型父母转变，从而培养高情商的孩子。

聪明养育小练习

情景再现：一去超市或商场孩子就要不停地买东西，我该怎么办？

1. 共情，觉察孩子的情绪。

孩子的情绪是：_____

如果换作我，我可能会产生的情绪是：_____

2. 倾听，用映射法倾听孩子。

孩子说：_____

我对孩子的观察是：_____

我的回应是：_____

孩子的回应是：_____

3. 引导，帮孩子确认问题目标和解决办法。

孩子的问题目标是：_____

经过确认后是：_____

我采取的解决办法是：_____

4. 给孩子的行为划定界限。

对于买东西这件事情划定的界限是：_____

遵守约定的后果是：_____

违反约定的后果是：_____

当孩子遵守或违反约定时，我的反应是：_____

孩子的反应是：_____

我的解决方法是：_____

培养高情商的孩子

[美]约翰·戈特曼

1 父母的四种类型

忽视型父母

压抑型父母

放任型父母

情绪管理
训练型父母

2 情商包含的三种能力

情绪感知能力

共情能力

自我调控能力

3 情绪管理四个训练

察觉孩子的情绪

用映射法倾听孩子

帮孩子确认问题目标
和解决办法

给孩子的行为划定界限

14

借助游戏力
帮助孩子摆脱焦虑

想一想:

- 如何帮孩子战胜童年焦虑?
- 孩子在处于情绪临界点时会有什么样的反应?
- 直面焦虑的游戏有哪些?

人在成年后常会忘记童年时的感受，所以我们喜欢用"无忧无虑"这样的词语来描述童年。然而，童年其实是多种元素的混合，有幸福和快乐，也有愤怒和恐惧。如果很多消极情绪在无声无息中积聚，就会演变成孩子成长中最大的隐形障碍，即所谓的"童年焦虑"。

别以为它离你的孩子很远，童年焦虑有各种各样的表现形式，比如，羞于表达自己、不敢尝试新事物、过于在意他人的看法、做选择时迟疑不决、很难接受生活中的小变化、常常因为小事发脾气、坏情绪产生很长时间才能平静下来、表面顺从实际上却不开心等。假如常常发生类似上述情形，就说明孩子很可能已经陷入焦虑的状态并且无法自己摆脱，也无法直接表达出来。

著名的临床心理学家劳伦斯·科恩（Lawrence Cohen）在《游戏力Ⅱ》（*The Opposite of Worry*）一书中倡导，"童年焦虑"应该作为一个专门的概念，得到足够的重视，它是绝大多数心理问题的"生理性根源"。父母需要了解孩子焦虑时的不同反应，并在充分接纳孩子的基础上用游戏的方式来帮助孩子应对这些焦虑。

游戏是孩子的第一语言，它不仅能让父母清楚地听懂孩子的心声，更能让孩子接收到父母的接纳、信任与支持。

焦虑的状态

先来分享一个非常生动的实验，能更直观地呈现焦虑是一种什么样的状态。

很多动物在极度恐惧而又无力反抗或逃走时会出现僵固行为，也就是所谓的"装死"。比如小鸡，可能因为它们本能地觉得，老鹰不会吃死掉的动物。有研究者做了一个实验：

在小鸡们刚出生几天后，将它们一只只地轻轻捧起来，然后直勾勾地盯着它的小眼睛，就像老鹰盯上猎物的样子。等到小鸡们被放下时，它们会被吓得僵在地上不动，开始装死。大约一分钟后，它们才会蹦起来，然后四处走动。

随后，研究者同时吓唬两只小鸡，结果它们一起装死，大约持续了五分钟。也就是说，它俩一起装死的时间，比单独装死的时间要长得多。

接着，研究者在吓唬一只小鸡的同时，让另外一只在旁边闲逛。结果，被吓的这只小鸡，仅仅在地上躺了几秒钟就蹦了起来。

于是，研究者得出了这样的结论：受惊的小鸡会通过观察身边的另一只小鸡在干什么来判断环境是否安全。如果另一只小鸡正在欢快地四处溜达，没有害怕，也没被吃掉，受惊的小鸡就会接收到安全信号。如果另一只小鸡也在装死，那么这只小鸡就会想："虽然我自己没发现危险，但我的伙伴肯定发现了，所以它才不起来，那么我也最好老实躺着，别动。"

请你猜一猜：在什么情况下，小鸡装死的时间最久呢？答案是，在镜子面前。因为它会以为，镜子里的是另一只被吓坏的小鸡。

　　为什么说这个实验很生动呢？因为通常来讲，孩子在轻度紧张时，如果他看见旁边的人很轻松，就会像看到了"没有害怕的另一只小鸡"，这时孩子只需要几句宽慰就能快速平复心情。然而，焦虑的孩子却无法察觉到旁人的放松状态，他们看到的都是危险，就像在镜子前装死的小鸡那样一直能看到另一只被吓坏了的小鸡，因此他们常常会陷入焦虑状态而无法自拔。

　　所以，千万不要小瞧了孩子的焦虑，他们很可能就像那只非常脆弱、敏感的小鸡。

处于情绪临界点时的四种反应

　　什么是情绪临界点？

　　它指的是，往前一步就是恐惧，身后则是可以安心的地方。比如，怕狗的孩子离狗 10 米就不敢再向前了，那么 10 米这个距离，就是他的情绪临界点。

　　当人处于情绪临界点时，通常有四种反应：**情绪失控、极力逃避、咬紧牙关和直面感受。**

情绪失控

　　情绪失控就是完全被情绪淹没，几乎丧失理智和逻辑。比如，有些孩子特别怕黑，当家里突然停电时，他会吓得蜷缩在角落里发抖，或是把头埋进爸爸妈妈的怀里，甚至可能特别激动和愤怒，像着了魔似地不停地大喊："不要！不要！太黑啦！我害怕！"

　　在这种失控的状态下，孩子是极度痛苦的。对此，父母也会感到非常挫败，因为不管是安慰他还是跟他讲道理可能都不管用。这就属于越过情绪临界点太多。因此，父母首先要做的是把孩子拉回"安全区域"，否则他们什么都做不了。要记住，情绪失控的孩子真正需要的是安抚和包容，还有尊重与共情。

> **情绪失控的孩子真正需要的是安抚和包容，还有尊重与共情。**

极力逃避

极力逃避的反应不仅是孩子在面对焦虑时的状态，很多成年人也会如此。

不过，我们要知道的是，"逃避"和"避险"并不是一回事。"避险"是指遇到危险时，我们有意识地掉头跑开，我们很清楚自己在怕什么，也知道这时的恐惧是一种自我保护本能；"逃避"则不同，我们很少同自己逃避的对象"正面交锋"，似乎它根本不存在，甚至可能完全没有意识到自己在害怕和逃避。

因此，逃避常常伴随着自欺欺人，你越害怕，就越有可能否认自己的害怕，并有可能说出这样的托词：

"我不是害怕参加聚会，只是不喜欢那些人。"
"我不是害怕参加比赛，只是身体不舒服。"

需要强调的是，逃避终究不是长久之计，总有被引爆的那一刻。当逃避的事情赤裸裸地摆在面前时，很可能会导致人们情绪失控。逃避的时间越长，最终要面对的暴风雨就越猛烈。这就像是挥霍无度后无视信用卡账单就以为它不存在了，但终有一天还是要去偿还这些金额，甚至还要包括越滚越多的利息。

咬紧牙关

咬紧牙关是指人在面对恐惧时，通过绷紧肌肉、握紧拳头、咬紧牙关等方式让自己麻木，从而扛过恐惧的考验。比如，你在打针的时候，是不是常常会闭着眼睛，努力挺过那一个瞬间？如果眼前的害怕是一次性的，那么咬紧牙关还是挺管用的。然而，如果真心打算战胜它，这个方法就没什么作用了。因为在麻痹自己忍受恐惧的过程中，你将一无所获。甚至很可能没有机会弄清这样一个事实：紧张来自你的担心，而非真实的危险。

下面分享一个故事。

埃兹拉害怕乘坐飞机，但由于工作原因而不得不做个"空中飞人"。于是，每次登机前他都必须戴上耳机，把音量开到最大，以缓解他的紧张情绪。他总是拖到最后一刻登机，一登机便迅速冲向自己的座位，然后紧紧握住座位扶手。在整个飞行过程中，他一直憋着不敢喘大气，以至于他的大脑缺氧。对他而言，每一次安全着陆并不是"飞行并不危险"的证据，而是"又一次幸免于难"。

这就是咬紧牙关的典型表现。显然，这并不是一种健康的方式。

直面感受

直面感受是指在一步一步接近挑战目标的同时，慢慢体会并处理自己的恐惧感受。这个过程有时也被称为暴露疗法，是一种治疗焦虑症的方法，也是我们真正倡导的。

它有多有效呢？还是聊聊刚刚讲到的埃兹拉。

治疗师给埃兹拉的建议，就是直面感受自己的恐惧。在下次乘飞机时，在整个过程中都要注意觉察自己的感受，每一件事都慢慢地做、慢慢地体会。

虽然埃兹拉被这个主意吓坏了，但他还是去尝试了。他在等待登机时，试着慢慢地、从容地呼吸，并四处张望，观察其他人脸上的表情。他从头到尾都没有戴耳机，而是让自己充分体会恐怖的登机过程。终于，埃兹拉登上了飞机，他非常缓慢地走向自己的座位，并尽量和途中遇到的人有目光接触。到了座位上，他开始做"握拳练习"，即不断地握拳、放松、握拳、放松……并留意自己的每一次呼吸。他还在脑子里重复地演练"下飞机、登机、下飞机、登机"的过程。

就这样，他突然意识到自己在微笑，这让他吃了一惊。而自那次之后，飞行对他来说就不再是件难事了。连治疗师都称赞他，能够自创出"与别人进行目光交流"并"观察别人的表情"这样的举动，这些方法可太聪明了！

埃兹拉说，留意别人能让他意识到其他人都没有害怕，这能帮助他平静下来。

换句话说，其他乘客就是"镇定的另一只小鸡"。直面感受，放松地让自己暴露在消极感受中，同时告诉自己"我是安全的"，才是克服恐惧的核心方法。

> 孩子内心生出的挑战，远比外部强加的质疑更有效。

直面焦虑的三个游戏

焦虑测量计

焦虑测量计就像温度计一样，把焦虑变成具象的刻度。比如用 1

到 10 表示焦虑的程度：1 代表"小意思"，6 代表"开始不妙"，10 代表"崩溃了"。当然，它的形式可以多种多样，除了数字形式，还可以用表情来表示（如从代表"有点紧张"的表情到"要爆发了"的表情），或者是用颜色代表程度（如绿色代表最轻微，红色代表最严重）。

它反映的是每个人主观的内在感受，没有客观标准。比如，坐飞机遇到气流发生颠簸时，你的紧张值达到了 8，而旁边的人可能只有 2。又如，当你紧张值到 8 的时候会浑身冒冷汗，而另一个人可能在紧张到 5 的时候就开始冒冷汗了。这是一个非常"个性化"的指标，而它的作用在于，它可以帮助你和孩子有效地讨论焦虑这件事。

面对焦虑的孩子，你不需要再问他"你感觉怎么样""你怎么了"之类的话，因为孩子的语言能力还不足以把他的内心感受准确地表述出来。你可以试试这么问："你现在的紧张程度到几了？"你无须跟孩子说"安静下来，别紧张，别害怕"，因为这些听起来会让孩子觉得你在无视他的感受。不妨换一种说法："来，我们一起试着让这个数值降下来，降到让你舒服的程度好不好？"

就是这么简单！

焦虑测量计能够帮助孩子觉察自己的内心感受，而这个觉察过程本身就有利于他恢复平静、解除安全警报。

再深化一下，还可以让孩子给感受取个名字，或者把感受画出来，这样他就激活了更多的脑部区域，一旦启动了思考（比如进行计算或艺术创作），焦虑就会慢慢消退。因为对大多数人来说，计算和艺术创造所用的大脑区域与焦虑用到的区域不同。因此，当创造性思维活跃起来的时候，就会减弱焦虑对大脑的控制，使孩子慢慢恢复平静。

"停走停"游戏

"停走停"的游戏可以帮助孩子一步步拓展临界点。

科恩分享过一个有关他女儿艾玛的例子。

艾玛小的时候害怕剪指甲。强迫她自然是不行的，因为她会不停地乱动，让人不敢下手。然后，科恩就跟艾玛玩起了这个"停走停"的游戏。在这个游戏中，科恩拿着指甲刀，站在离艾玛三米远的地方，并告诉艾玛，只要她喊一声"停"，他就会立刻停住不动。如果她说"走"，他就可以继续走。

就这样，科恩非常缓慢地走向艾玛，只要艾玛喊"停"，他就立刻停下。这让艾玛在她的情绪临界点上有足够的时间面对恐惧，并把恐惧感始终保持在可控范围之内。这样，她既不会逃避，又不至于崩溃。

后来，科恩又增加一条新规则：艾玛不能一直没完没了地喊"停"，每说两个"停"之间都必须说一个"走"。最后，科恩拿着指甲刀走到了艾玛面前帮她把指甲剪完，而艾玛竟然完全没有以前的恐惧感。

因为这个游戏让艾玛信任爸爸绝不会伤害她，或是做出违背她意愿的事情。科恩每次停下后又会向前走也让她明白，爸爸不会放弃努力。

你看，只要你足够耐心并找对方法就能引导孩子不断地"拓展"他的临界点。你在引导孩子的过程中，也能切身感受到孩子的那个介于"逃避"和"崩溃"之间的非常微妙的平衡点。

牵绳游戏

牵绳游戏对解决孩子的分离焦虑问题特别有效。

比如，你可以向孩子提议："我知道你不喜欢我走开，那咱们来量一量，看看我走开多远你就会伤心。"

你可以先紧紧搂着孩子问他："这么远怎么样？开始伤心了吗？"这一定会引得孩子笑起来。然后把绳子的一头交到孩子手里，自己往后退，边退边报数，直到孩子喊"停"。也可以让孩子慢慢地往远处走，直到他觉得"不可以再远"，然后量一量绳子拉得有多长——这就是孩子在这一轮中可以承受的"最大分离距离"。

你在这个过程中需要适度拉紧绳子，以便让孩子通过绳子感受到另一端你的存在。当孩子找到临界点时，停下来，给他一个大大的拥抱，并鼓励他继续进步。如果孩子出于逃避拒绝这个游戏，那么你可以拖着绳子，滑稽地追着他满屋跑，让他咯咯地笑出来。

绳子在这个游戏中有什么作用呢？一方面，它能够让孩子在挑战分离焦虑的同时，始终能感觉到与你保持着紧密的联系；另一方面，能让孩子用好奇心替代焦虑，因为好奇心是焦虑的天敌，你可以巧妙地利用这一点。

> **理解孩子的焦虑，用游戏给予孩子最大的支援。**

聪明养育小贴士

游戏能让大人跟随孩子进入他的世界，是亲子间建立亲密联结的最佳方式之一。

运用游戏的方法，我们既能不强迫孩子咬紧牙关来对抗恐惧，也不任由孩子一味放弃而逃避挑战，而是在情绪临界点上充分接纳孩子，并轻推他继续向前。

聪明养育小练习

情景再现：考试之前，孩子很焦虑，你会如何运用游戏力的方式帮他？

1. 观察孩子的状态。

孩子的身体状态是：＿＿＿＿＿＿＿＿＿＿＿＿＿＿＿＿＿

孩子的情绪状态是：＿＿＿＿＿＿＿＿＿＿＿＿＿＿＿＿＿

2. 建议孩子直面感受，觉察自己的状态。

我会这么说：＿＿＿＿＿＿＿＿＿＿＿＿＿＿＿＿＿＿＿＿

孩子的情绪临界点是：＿＿＿＿＿＿＿＿＿＿＿＿＿＿＿＿

3. 运用焦虑测量计，了解孩子的焦虑程度。

孩子给自己的焦虑的评分：＿＿＿＿＿＿＿＿＿＿＿＿＿＿

4. 帮助孩子放松。

我会这样做：＿＿＿＿＿＿＿＿＿＿＿＿＿＿＿＿＿＿＿＿

5. 试试"停走停"的游戏，拓展孩子的情绪临界点。

孩子给自己的焦虑的评分：＿＿＿＿＿＿＿＿＿＿＿＿＿＿

6. 我能想到的其他方法：＿＿＿＿＿＿＿＿＿＿＿＿＿＿＿

游戏力 II

[美]劳伦斯·科恩

1 处于焦虑临界点时的四种表现

情绪失控
完全被情绪淹没,
几乎丧失理智和逻辑

极力逃避
假装事情不存在,
甚至完全没有意识到

咬紧牙关
绷紧肌肉、攥紧拳头,
让自己麻木来扛过恐惧

直面感受
持续挑战目标,慢慢
体会并处理恐惧的感受

2 直面焦虑的三个游戏

焦虑测量计

"停走停"游戏

弹绳游戏

15

给孩子爱和安全感

想一想：

ᔤ 预测学习成绩的因素难道不是智商吗?

ᔤ 什么样的父母能把孩子培养得出类拔萃?

ᔤ 如何促进孩子的大脑发展?

在孩子还没出生时，许多父母就开始重视孩子的智力问题。比如进行一些"胎教"，提前开发孩子的某方面天赋；吃很多据说"补脑"的营养品，给孩子充分的养分补给；等到孩子出生后，又给他买各种益智玩具……总之，在孩子的整个成长过程中，总是想做点什么来促进他的智力发展。

但问题是，好像从来都没有人对"智力"做出过绝对精准的定义，智力到底包含什么呢？以及，面对如今海量的"促进智力发展"的信息，父母又该如何甄别选择呢？

这个时候，我们能相信什么？

两个字：科学。

科学的好处在于，它是可以"被证伪"的，并不是怎么样都能自圆其说。一旦你知道了哪些研究成果值得信任，那些不靠谱的谣言就会不攻自破。当然，科学家不可能洞察大脑的一切，但他们已经掌握的知识足够为父母培养聪明的孩子提供很大的帮助。

脑神经科学家约翰·梅迪纳（John Medina）在《让孩子的大脑自由》（*Brain Rules for Baby*）一书中告诉我们，**关于如何养育孩子，父母**

们真正需要的是事实，而不只是建议。父母不能盲目地去做一些事情，而要先清晰地了解相关的科学知识。

> 关于如何养育孩子，父母们真正需要的是事实，而不只是建议。

智力的两个关键要素

说到"谁是智商最高的人"，我想你的第一反应多半是爱因斯坦。不知道你有没有好奇过，爱因斯坦的大脑跟我们普通人的大脑到底有什么不一样？

1955 年，爱因斯坦于美国新泽西州去世。当时为他做尸检的是病理学家托马斯·哈维。他将爱因斯坦的大脑切开，并从不同的角度拍照，最后又把它切成多个小块进行仔细研究。后来，由于他拒绝交出爱因斯坦的大脑便逃到了堪萨斯州，将爱因斯坦的脑组织样本保留在身边 20 多年。直到 1978 年，这些样本才得以重见天日。后来，其他科学家也开始继续研究爱因斯坦的脑结构，希望破解他绝顶聪明的原因。

那么，科学家到底发现了什么呢？

让人惊讶的是，爱因斯坦的脑结构与常人基本无异，只不过，他负责空间视觉认知和数学运算的区域比常人大 15%。另外，他大脑中的神经胶质细胞也比常人多，这些细胞主要负责协助大脑处理信息。然而，这些发现并不具有什么突破性，因为大多数人的脑结构都存在一些差异。

因此，关于智力，科学家得出这样的结论：**天才型的"超越脑模式"并不存在。**

后来，学界基于多项研究又开发出了各种所谓的"智力测试"，但大部分智力测试评估的都是相对单一的某方面能力。而且几十年来，学者们对于这些测试的得分到底意味着什么以及应该如何评估智力而一直争论不休。

这便说明，人类的智力是一个非常丰富的概念，它的弹性远比大家想象的要大得多。单靠一些测试数字是不足以涵盖人类智力复杂性的，因此，只根据一个分数就对孩子的智力水平下定论也显然是不明智的。

智力到底是什么呢？

约翰·梅迪纳提出了一个非常生动的比喻：人类的智力就像是一锅食材丰富的炖肉。他讲述了自己的经历。

有一次，约翰的妈妈把他拉进厨房，想把炖肉的独门秘技传授给他。妈妈告诉他："肉怎么炖，没有唯一的标准，取决于谁来吃，以及厨房里有哪些原材料。不过，有两个关键要素——肉的品质，还有调料的配制。只要抓住这两个要点，那么无论你往锅里放什么，炖出来的肉都一样美味。"

> **人类的智力就像是一锅食材丰富的炖肉，而不是一串简单的数字。**

其实，智力也是如此，除了关键要素以外，其他并没有特别局限的定义。

智力的关键要素是什么呢？是**晶体智力**与**流体智力**。

晶体智力就是记录信息的能力，是在大脑中创建一个结构丰富的数据库。

流体智力就是提取信息的能力，是让人们在不同的情境下即兴发挥，既要回忆起数据库中的信息，又要对它进行重组和运用。

简单来说，**晶体智力就是记忆力，流体智力则是推理和解决问题的能力。**

从这个视角来看，所谓的"聪明"，也不过就是指在这两方面比别人做得好罢了。

智力包含的五种能力

虽然晶体智力和流体智力是必不可少的，但它们并非人类智慧的全部。就好像那锅炖肉，在"智力"这锅大餐中，还有许多其他的原料。下面分享五种重要的能力，分别是：**渴望探索、自我控制、创造力、语言沟通能力、解码非语言信息。**

渴望探索

如果你有一个八九个月大的宝宝，那么你一定遇到过这样的场景：

你手上拿着遥控器，宝宝看见了，迅速伸出手来攥住遥控器，想把它从你手里夺过去。同时，他还伸出舌头要去舔遥控器，像是把遥控器当成了好吃的，并要用实际行动来检验自己的假设。如果你把遥控器拿开，宝宝就会放声大哭，并不断挥舞着他的小手想要夺回遥控器。

数以千计的实验证明，婴幼儿会通过不断的尝试来了解自己所处的环境。他们就像一个小小的科学家，利用各种感觉来进行观察，做出预测，并通过实践来检验自己的假设，随后还会评估检验结果，将获得的知识添加到他那不断增长的大脑数据库中。

用刚才的知识点来说就是，他们使用晶体智力记录信息，又使用流体智力提取信息，然后将其固化，存入记忆之中。从来都没有人教过他们这么做，但全世界的婴儿都是如此。

因此，父母需要意识到，**渴望探索，是孩子智力发展的第一味原料。**

自我控制

自控能力高的孩子，学习成绩和其他方面的表现都会更好，因为自控能力的高低取决于孩子是否能够过滤掉各种干扰。无论是我们自己还是孩子，都会面对各种诱惑，但只要大脑能够从中挑选出有用的信息，就能让我们把主要精力集中在那些真正重要的事情上。

因此，孩子的自控能力越强，智力上的表现就会相对越好。

创造力

如何定义创造力？这个问题其实很难回答，因为不同的个体和文化都有其各自的评判标准。无论用哪种标准判断，创造力的核心组成部分都是，发现新旧事物之间的联系并创造新的事物。

美国教育界创造力理论之父保罗·托伦斯（Paul Torrens）曾开发了一套长达90分钟的测试，名为"托伦斯创造性思维测试"。比如，让孩子看一张兔子玩偶的照片，然后在三分钟内想出如何对它进行改造可以让它变得更好玩。又如，让孩子看一幅涂鸦作品，然后让他在三分钟内根据这幅图编一个故事。

早在1958年，托伦斯就使用这个工具对数百个孩子进行了测试。之后，他一路跟踪这些孩子的成长，看着他们长大成人，并定期评估他们取得的创新成果，如拿到了多少项专利、撰写了几本书、发表了几篇论文、获得了多少研究基金、创办了几家企业等。

最后实验结果表明，在这个测试中得分高的人，都有相当大的创造性成果产出。如今，托伦斯创造性思维测试也成为评估孩子创造力的重要标准，而它跟智力发展也是紧密相关的。

语言沟通能力

毫无疑问，语言能力作为人类独有的极为复杂的认知功能，在人类的智力中占有相当重要的地位，很多智力测试都包括与语言能力相关的问题。

解码非语言信息

大部分的信息传递都不是单纯地依靠语言，而是凭借非语言信息，比如肢体动作、面部表情（包括姿态、眼神）等，都能传达很多没有说出来的信息。能否成功解读这些非语言信息，也是智力很重要的一部分。

智力需要的两种养分

多跟孩子交流

前面提到过，语言沟通能力是智力重要的组成部分，大量科学研究也发现了词汇和孩子聪明与否之间的联系。比如，曾有研究者在三年内对 40 多个家庭每月造访一次，详细记录父母和孩子之间的语言沟通情况，包括词汇的数量、多样性、词汇增长率、语言交流频率，以及语言的情绪内涵。研究者在详尽分析了数据后，得出了三个结论。

结论 1：词汇的数量和词汇的多样性一样重要

父母和孩子的交流越多越好，最好是每小时和孩子说 2100 个单词。词语的种类也要丰富，包括名词、动词、形容词，还有长句和复杂的词组。

结论2：积极反馈的数量也很重要

说话不是单方面地说，而是要跟孩子有互动。比如，看着孩子，模仿他们的话语、笑声和表情，用你的高度关注来鼓励孩子说话。与那些跟父母交流较少的孩子相比，经常与父母进行高质量交流的孩子的词汇量至少是前者的两倍。上学后，这些孩子的阅读、拼写和写作能力也比前者强很多。即使孩子还很小，不能完全对你的话做出反应，他也是时刻都在倾听，这对他的大脑的发育极为有利。

结论3：除了说什么内容，说的方式也很重要

大家会发现，当我们跟小孩子说话的时候，往往语速会变慢，音调会升高，元音也拖得很长，比如："你叫什么名字呀——这朵花真漂亮呀——"像这种夸张的说话方式，被称为"父母语"，它非常有助于孩子辨识不同的单词，并帮助他们对不同的发音进行归类。此外，较高的音调也便于孩子进行模拟对话。

著名教育心理学家威廉·艾尔弗雷德·福勒（William Alfred Fowler）曾训练一些父母用上述方法和孩子讲话。结果，他们的孩子在七至九个月大时就能开口说话了，一些孩子甚至在十个月大时就能说出整句话来。他们到了两岁左右时，已经掌握了大部分的基本语法；而普通的孩子，要到四岁左右才能达到这个水平。因此，我们要格外重视跟孩子的交流。

另外，补充一个知识点：**孩子是天生的语言学家**，刚刚出生的宝宝能够辨识世界上所有语言的发音特征。但遗憾的是，这种状况并不持久。孩子到了一岁左右时，就不再能辨识所有语言的发音特征了，只能区分在出生后前六个月内听到过的语音。也就是说，人类语言能力的飞速发展有一个窗口期。孩子出生六个月后，除非采取干预措施，否则通向语言高速公路的大门就会关上。

那么，我们是否应该让孩子在这一关键时期听外语录音呢？或者是看外语节目怎么样？答案是，没有用，大门还是会关上。只有一件事能够奏效，那就是：**用外语和宝宝交流**。让一个真实的人用外语和宝宝面对面地交流，唯有这样，宝宝脑内的神经元才会记录下外语的语音、词汇和语法。在这个学习过程中，即时互动的人际沟通是必不可少的。

> **孩子需要真实的情感交流，而不是简化的数码交流。**

研究者基于这个发现得出了一个重要的结论：**只有最基本的人际沟通才能营造最自然的学习状态**。智力，光靠冷冰冰的、没有生命的机器是培养不出来的，只有在温暖和充满关爱的土壤中，孩子的智力才会萌芽。因此，你需要通过和孩子面对面地交流来塑造他的大脑。

开放性玩耍

开放性玩耍意味着让孩子尽可能自由自在地玩，而不要过多地控制和设限。尽管我们知道，孩子们缺乏经验，需要父母进行一定的引导。不过，这里真正的要点在于，**让孩子在自由玩耍中学会自我约束**，就像前面提到的自我控制，这是智力的重要组成部分。

角色扮演是个很好的选择，因为它是自我约束力最强的开放性活动。比如，孩子要扮演警察，他就必须遵守警察的规矩，需要在游戏中维护正义。如果他要扮演大人照顾小宝宝，他就必须耐心地给宝宝穿衣服、哄宝宝睡觉。孩子的自控力就会在这个过程中一步步地培养起来。

为了让孩子可以更好地进行角色扮演游戏，父母可以帮孩子多做一些准备。比如，选一个好的游戏场地，最好特意布置一下，让孩子更有代入感；扮演各种角色的服装道具也要一应俱全，即所谓"做戏做足"，尽量让孩子玩得满意。可以在游戏开始之前，让孩子先填写一份"游戏计划"，明确写出具体要玩些什么，比如，"我要和洋娃娃在动物园里喝茶"或"我要用积木搭一座城堡，然后扮演骑士"。

如果可以，你最好也加入游戏中，和孩子一起玩，这样他会玩得更投入、更开心，更容易在安全的世界里尽情发挥创造力。游戏结束后，还可以让孩子分享他在游戏中的体会和心得，这能帮助他提高记忆力和语言表达力。

聪明养育小贴士

知道了哪些因素跟智力密切相关，也就明确了孩子智力发展的方向；而智力的种子，在充满爱和安全感的土壤中，才能生长得更好。

聪明养育小练习

思考：为了促进孩子的智力发展，我可以怎么做？

1. 满足孩子渴望探索的需求。

我会这样做：＿＿＿＿＿＿＿＿＿＿＿＿＿＿＿＿

2. 提高孩子自我控制的能力。

我会这样做：＿＿＿＿＿＿＿＿＿＿＿＿＿＿＿＿

3. 培养孩子的创造力。

我会这样做：＿＿＿＿＿＿＿＿＿＿＿＿＿＿＿＿

4. 提高孩子的语言沟通能力。

我会这样做：＿＿＿＿＿＿＿＿＿＿＿＿＿＿＿＿

5. 提高孩子解码非语言信息的能力。

我会这样做：＿＿＿＿＿＿＿＿＿＿＿＿＿＿＿＿

让孩子的大脑自由

[美]约翰·梅迪纳

智力的两个关键要素

晶体智力
记录信息的能力

流体智力
提取信息的能力

智力包含的五种能力

渴望探索　　　　自我控制

创造力

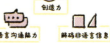

语言沟通能力　　　解码非语言信息

智力需要的两种养分

多跟孩子交流

开放性玩具

学会适时放手

想一想：

- 什么是过度教养？
- 为什么不能过度教养？
- 如何避免过度教养？

近几年，随着社会上"巨婴""妈宝男"的增多，很多父母开始担忧：自己的孩子在成年以后，能否成为一个独立、有担当的人？毕竟，孩子从出生到成年，每个家庭成员都想为孩子的成长提供帮助，希望孩子将来在社会上能够有一番作为，甚至有些父母还想要帮孩子安排他们的人生。

然而，这些行为的背后其实透露出一个问题：父母为什么想为孩子做那么多？

可能很多的父母都会脱口而出：因为爱孩子！

这是毋庸置疑的。不过，如果我们再深入思考就会发现，这背后还有一个颠覆性的原因——父母之所以什么事情都想替孩子做，本质上是因为不相信孩子能解决好自己的问题，总害怕孩子不能取得成功。

2014 年，耶鲁大学教授威廉·德雷谢维奇（William Deresiewicz）在教学中发现一个问题：这些名牌大学的学生其实只是"优秀的绵羊"——他们缺乏主见，任人摆布。在后来的研究中，德雷谢维奇还发现，这些孩子的父母都属于过度教养，他们在孩子成长过程中帮孩子做了很多事情，导致孩子在成年后遇到问题时无法积极地应对。因此，父母一定要避免过度教养，才能让孩子真正成年又成人。

> **过度教养不仅会害了孩子，也会害了父母。**

什么是过度教养

首先来看几个这样的生活场景。

就要出门了，妈妈看孩子还没穿好鞋子，着急地说："宝贝快来，妈妈帮你穿。"

孩子正在搭积木，突然塌了，大哭起来。爸爸连忙跑过来说："宝贝不哭，我来帮你搭好。"

孩子在和其他小朋友一起玩，因为自己的玩具被别人拿走了而大哭，爸爸妈妈赶紧说："宝贝，别哭啦，这里还有一个新的玩具，你玩这个吧。"

总结来看，过度教养主要有以下三个特征：

- 父母为孩子做他们已经可以自己做到的事情；
- 父母为孩子做他们几乎可以自己做到的事情；
- 父母的教养行为都是源于自我的需求。

什么是自我的需求？在上面提到的场景中，孩子已经可以自己穿鞋了，但因父母有赶紧出门的需求，便为孩子做了这件事。这就是自我的需求。

对于过度教养，还有一个比喻可以生动形象地形容这样的父母——**"直升机型父母"**，这是指父母会时刻在孩子头顶上盘旋，观察孩子的一举一动，孩子一旦遇到什么挫折和困难，他们就会立刻出手相助。

> **孩子需要从父母那里获得两样东西——根和翅膀。**

为什么不能过度教养

过度教养会给孩子的成长造成以下三个方面的伤害。

缺乏基本的生活能力

我常听有的妈妈这样对我说：

"我家孩子已经上幼儿园大班了，还不能独立吃饭、穿衣服、睡觉，老师经常跟我反馈孩子在幼儿园的种种问题。"

"孩子已经上初中了，每周末从学校回来的时候，都会把一周的衣服鞋子带回家让我洗。"

这些常见的行为都是因为父母过度教养导致的，使得孩子缺乏基本的生活能力，无法好好地照顾自己。

受到心理伤害

2011 年，美国田纳西大学查塔努加分校的特里·勒穆瓦纳（Terry LeMoyne）和汤姆·布坎南（Tom Buchanan）针对 300 多名学生展开的研究发现，拥有"直升机型父母"的学生，服用抗焦虑和抗抑郁药的概率更高。他们之所以做这项研究，是因为他们在课堂中看到了一些情况："起初，有些孩子非常优秀，也都很能干，交作业的情况非常好，但一旦涉及独立决策，如果不给他们具体的指示，他们就会产生不安的情绪。"

很多研究结果表明，如果父母习惯于帮孩子处理生活琐事，如接送、叫醒、提醒、决策等，那么孩子在成年后需要独立面对这个世界时，父母可能会对孩子的反应感到相当震惊：因为当孩子经历挫折时，在孩子看来，挫折就等于失败，而他们又无法面对失败，从而出现不同程度的心理问题。

缺乏职场自信

2014年，美国加州州立大学对450名本科生展开了问卷调查，要求他们评价自我效能水平和父母参与他们日常生活的频率和程度，以及他们对某些职场情境的反应。研究结果表明，"直升机型父母"养育出的孩子对自己独立完成任务、达成目标的能力缺乏信心。这最终将导致这些孩子出现不善于求职且在工作中表现不佳、缺乏职场自信的问题。

我曾听说有一位母亲在网络上出高价雇人帮儿子找工作，而她的儿子可是国内知名法学院的一名研究生！这让我感到非常震惊。

有很多比喻用来形容这些在过度养育下长大进入社会的孩子，其中最有预见性的比喻就是"牛肉"。这个说法源于美国教育家乔·马鲁什恰克（Joe Maruszczak），是指那些在被控制的环境下长大，然后被赶进了屠宰场的孩子。当然，这只是个比喻，但从21世纪的真实职场生活来看，"直升机型父母"的教养方式确实不能为孩子步入社会提供充足的准备。

如何避免过度教养

避免过度教养，培养孩子真正成人，父母可从以下五个方面入手。

从小给孩子反复试错的机会

作为父母，我们总是希望在孩子到了十几岁可以独立走出家门时拥有多种能力，特别是拥有"我觉得我可以，我觉得我行"的心态，而这种心态是需要在童年反复试错中习得的。

在我儿子跳跳上幼儿园的时候，他曾有一段时间很喜欢玩"进球门"游戏。有一天，他用一个玩具作为球门，然后用几个小球玩"进球门"的游戏。玩了一会儿，他可能觉得没意思了，就开始用各种物品把小球包进去，让球滚进球门。

我看到，他在用纸杯玩"进球门"时失败了。我观察到他有点沮丧，但我并没有马上介入，只是在一旁安静地观察。过了一会儿，他自己很快找到了原因，还自言自语道："哦，一头粗一头细，所以滚起来才会拐弯啊！"这时我才问他："纸杯是向哪边拐弯呢？"这时他有了新发现："啊！它总是向细的那边拐弯！"发现这个秘密后，他就继续研究如何让纸杯顺利滚进球门了。

在这个过程中，他一直在挑战，然后遭遇失败，接着再挑战，再失败。在近一个小时的探索过程中，我一直在旁边仔细观察，只有在发现他一筹莫展的时候才会"不经意地"给他提示。

在孩子成长的过程中，我们必须允许和鼓励孩子不断试错，因为经历错误和失败与成功同样重要。只要我们多给孩子尝试的机会，孩子有了成长的机会，自然就会带给我们越来越多的惊喜。

让孩子拥有更独立、自由的时间及空间

美国波士顿学院教授彼得·格雷（Peter Gray）认为，为了让孩子获得良好的心理健康发展，他们必须参与由自己选择或主导的活动或游戏。需要明确一点，**只要有大人在旁边指挥及安排的活动或游戏，就不是自由活动或游戏。**

在实施的过程中，父母需要把握好以下几个要点。

要点 1：要重视孩子自由玩耍的时间

你要把游戏当作孩子发展的必需品，要把自由玩耍时间安排进孩子的日程。你可以自问"还可以在哪些方面给孩子更多的自由"，然后为孩子重新设定日常表。比如，减少一些兴趣班或不必要的外出活动，让孩子可以在自己的小天地里拥有自由玩耍的时间。

要点 2：让孩子自己决定玩什么、怎么玩

在日常生活中，你只需要给孩子准备好各种材料就可以了，不要给孩子做任何规定，也不要提供玩法，让他自己动脑筋，让他做自己想做的事情，哪怕他觉得无聊也没关系。孩子在主动摆脱无聊的过程中也培养了解决问题的能力。

要点 3：努力在自己和孩子之间制造空间

比如，在孩子玩耍时，如果你觉得有必要观察，那么请试着比平时保持更大的距离，并且随着孩子年龄的增长和你放心程度的提高，可以不断拉大观察的距离。在孩子做事时，也请控制自己事事都交待清楚的冲动，等孩子来找你时再给他提具有启发性的问题，帮助他思考和解决问题。

要点 4：当孩子遇到问题时，在保证安全的情况下，不要马上帮忙

比如，如果孩子在玩耍时摔倒在地或是受了一些小伤，你要控制

自己立刻跑过去的冲动，因为孩子在成长过程中是需要这些经历的。你可以在孩子能独立面对这样的情况后（如孩子自己从地上爬起来了）再过去帮助孩子，让孩子相信自己没事。

总之，一定要让孩子拥有更独立、更自由的成长空间。

> **别给孩子一个清单式的人生。**

帮助孩子体验"心流"

简单地说，"心流"就是全身心投入事物本身的一种美好体验。在我们对某件事情感兴趣，而这件事情又稍稍超出了我们当前的能力范围、对我们来说具有挑战性时，常会产生这种心理状态。当孩子处于"心流"状态时，如果能鼓励他独立面对挑战、坚持下去，他很快就会忘掉时间，也不会感觉疲倦，还会感觉自己正在做的事情可以不断地进行下去。这种"心流"的体验不仅可以激发孩子的创造力，还可以培养孩子的抗挫力。

让孩子产生"心流"体验的最好情景就是自由游戏时间。因此，可以让孩子在家里设置一个他觉得私密的地方，不需要很大，他在这里可以独处，可以做任何他想做的事情。当孩子在这样的空间里做自己喜欢的事情时，就算这件事情具有挑战性，他也愿意沉浸在其中。

> **不给孩子独立奋斗的空间，孩子就无法学会很好地解决问题。**

培养孩子的抗挫力

曾获得斯坦福大学最高教学奖"丁克斯皮尔奖"的朱莉·利思科

特－海姆斯（Julie Lythcott-Haims）在《如何让孩子成年又成人》（*How to Raise an Adult*）一书指出：所谓拥有抗挫力，就是遇到问题时会说"我还好，我可以解决这个问题，相信我一定可以的"。其实，抗挫力就是遇到问题不会选择放弃，愿意面对，并相信自己可以解决的能力。

父母可以通过以下三种方法培养孩子的抗挫力。

方法 1：提高孩子在生活中的自我存在感

已有大量研究表明，自我存在感有助于培养孩子的抗挫力，具体可以怎么做呢？

比如，在孩子放学回家后，你不妨放下手里的事情，给孩子一个拥抱，或是用眼神来表达你对孩子的关心和爱，也可以主动询问孩子："你今天在学校怎么样？有没有什么可以和我分享的事情？"这能让孩子感觉到被关心和爱，也能提高孩子的自我存在感。

方法 2：要学会站到一边，让孩子自己做决定

什么是"站到一边"呢？

比如，如果孩子还小，不知道每天应该穿什么衣服，那么你只需要在早上告诉孩子今天的天气情况，让孩子自己去选择，接下来就不要参与孩子选衣服和穿衣服的过程了。

方法 3：要给予孩子具体、真实的反馈

有研究表明，父母是否能够诚实地表扬和具有建设性地批评孩子，都将影响培养孩子的抗挫力。

比如，在孩子参加完芭蕾舞表演后，你可以这样说："我注意到你在表演的过程中完全可以按照老师要求的那样——踮着脚尖。"在孩子完成一幅作品后，你可以这样说："我喜欢你在这幅画中所用的颜色。"这样具体的、真实的表扬有助于培养孩子的自信。

此外，在批评孩子的时候也需要真实的反馈。比如，孩子把外卖餐盒随便扔在地上，你可以这样说："你把餐盒随地乱扔，请把它扔到垃圾桶里。"批评的重点是要让孩子知道，**你批评他的行为，是因为行为是可以被纠正的，而不是表达他是个坏孩子。**

> 及时牵手，适时放手，避免对孩子过度教养。

教孩子基本的生活技能

在美国，若谈论一个孩子是否优秀，那么诸如能做到准时到场、看管好自己的背包、会做饭之类的事情的重要程度并不亚于学习成绩优异、会弹钢琴或善于竞技运动等。因为，无论孩子的简历看起来多么光鲜亮丽，如果父母不在身边，他无法在生活中好好照顾自己，就说明他还没有做好成人的准备。

因此，在培养孩子的生活技能方面，父母需要把握四个步骤。

步骤 1：让孩子观看你为他做某件事

以准备早餐为例。当你为孩子准备早餐时，可以让他在旁边观看整个制作过程。

步骤 2：和孩子一起做这件事

你可以让孩子参与进来，如准备早餐需要的食材，然后给彼此分工，各自去完成属于自己的工作，让他有参与感。在这个步骤中，如果孩子提出哪里有不清楚的，你可以及时为他讲解。

步骤 3：看着孩子做这件事

你要对孩子有足够的信心，控制住自己想去指挥的冲动。即使他忘记了某些程序，你也不要指挥，可以在他完成后再与他交流。

步骤 4：让孩子独立完成这件事

如果前面三个步骤都能做到，那么这时孩子就可以独立来完成了。因此，你在此时需要放手，给他空间，让他独立去完成。

聪明养育小贴士

成年不等于成人，成人取决于成长。父母只有给孩子更多成长的空间，才能让孩子在成年的时候真正成人。

聪明养育小练习

思考：关于避免对孩子过度教养，我能想到什么样的方法？

1. 从小给孩子反复试错的机会。

我会这样做：＿＿＿＿＿＿＿＿＿＿＿＿＿＿＿＿＿＿＿

2. 让孩子拥有更独立、自由的时间及空间。

我会这样做：＿＿＿＿＿＿＿＿＿＿＿＿＿＿＿＿＿＿＿

3. 帮助孩子体验"心流"。

我会这样做：＿＿＿＿＿＿＿＿＿＿＿＿＿＿＿＿＿＿＿

4. 培养孩子的抗挫力。

我会这样做：＿＿＿＿＿＿＿＿＿＿＿＿＿＿＿＿＿＿＿

5. 教孩子基本的生活技能。

我会这样做：＿＿＿＿＿＿＿＿＿＿＿＿＿＿＿＿＿＿＿

如何让孩子成年又成人

[美]朱莉·利思科特-海姆斯

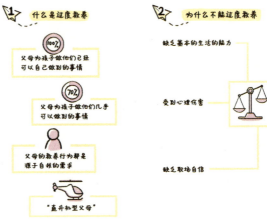

1 什么是过度教养

(100%) 父母为孩子做他们自己已经可以自己做到的事情

(70%) 父母为孩子做他们几乎可以做到的事情

父母的教养行为都是源于自我的需求

"直升机型父母"

2 为什么不能过度教养

缺乏基本的生活的能力

受到心理伤害

缺乏职场自信

3 如何避免过度教养

→ 父母需要从小给孩子反复试错的机会

父母要让孩子拥有更独立、自由的时间及空间

♥↔♥ 父母要帮助孩子体验"心流"

父母要培养孩子的抗挫力

⚙ 父母要教孩子基本的生活技能

激发孩子的创造力

想一想：

- ୡ 富有创造力的艺术家具有什么样的性格？
- ୡ 创造力的产生需要经历哪些阶段？
- ୡ 什么样的环境有利于激发创造力？
- ୡ 如何培养孩子的创造力？

人类发展到今天，离不开各个领域的创新。这些创新不仅改变了历史，也改变了我们的生活。那么，为什么有人可以做出改变领域甚至开创新领域的创新呢？他们又是如何拥有如此强大的创造力的呢？

我们在上一章中提到过"心流"这个词，这是由心理学家米哈里·希斯赞特米哈伊（Mihaly Csikszentmihalyi）提出的。简单地说，"心流"就是全身心投入事物本身的一种美好体验。当人们处于"心流"状态时，常常会忘记时间的流逝，并感到愉悦。因此，时常获得"心流"体验能最大限度地挖掘个人潜能、激发创造力。

希斯赞特米哈伊在《创造力》（Creativity）一书中指出，创造力其实是一种个体长期处于"心流"体验状态的成果。当人们处于"心流"状态时，能不断挖掘潜能，在经年累月的工作后更易获得创新。已有研究表明，长期处于"心流"状态的人，对生活的满意度很高。接下来的内容将为大家揭开创造力的奥秘，探寻激发创造力的方法。

什么是创造力

听到"创造力"一词，你也许会想到身边的某个人特别有创意——他可能才华横溢，总能想出别人想不到的点子；也可能特立独行，以新奇的方式工作和生活。其实，这都算不上我们所定义的"创造力"。

"创造力"这个概念抽象、模糊，被应用得非常广泛，有时还会和"天赋""天才"联系到一起。为了锁定明确的研究对象，本章所说的"创造力"是指改变现有领域或创造一个新领域的任何观念、行动或事物。富有创造力的人就是指那些思想或行为改变了一个领域或创建了一个新领域的人。

改变自己或许容易，但无论是改变还是创造某个领域，听起来似乎都需要耗费大量的心力。

有研究表明，对创造力最有力的刺激因素是时代背景，比如，文艺复兴时期涌现了大量的科学家和艺术家。然而，社会背景并不是个人能够左右的，而且即便在一成不变的大环境下也存在着创造力。因此，只有研究个体、研究个体之间的创造力的共性和规律，才能帮助人们从中获得智慧。

科学研究发现，富有创造力的人的人格有一个显著的特点——复杂。这种复杂表现在他们通常拥有 10 对明显对立的性格上。这种对立乍一看非常矛盾，但在富有创造力的人身上，它们浑然天成、非常和谐。

1.富有创造力的人通常体力充沛，但也经常会沉默不语、静止不动。他们既能长时间、聚精会神地工作，同时又能朝气蓬勃、洋溢着热情。

2. **富有创造力的人很聪明，但有时也很天真。**低智商的人很难做有创造力的工作，但高智商（有研究表明，分界点为 120 左右）也会损害创造力。因为一些高智商的人会变得自满、安于现状、失去了创新所必需的好奇心。由于学习知识、在领域现有的规则中运用知识对于高智商的人来说很容易，因此他们可能不再有动力去质疑进而改进现有的知识。也许这就是为什么歌德曾说"天真是天才最重要的特质"。

3. **富有创造力的人具有玩乐与守纪律或负责与不负责的对立性格。**只有好玩乐、看似不"负责任"，才不会墨守成规，从而开辟新的领域；也只有坚忍不拔、持之以恒的负责态度，才能让创造者克服种种障碍，完成艰难的工作。

4. **富有创造力的人能在想象、幻想与牢固的现实感之间转换。**不论是艺术还是科学，都需要人们超越当前现实去创新创造，具备足够的想象力才能做到这一点。然而，如果他们在具体工作中不能严肃、现实，那想象就只能是想象，无法成真。

5. **富有创造力的人似乎兼容了内向与外向这两种相反的性格倾向。**富有创造力的人如果不能忍受孤独，就没办法全身心地投入独立工作；如果他们不善于和他人交往，就无法获得更多信息、碰撞彼此的观点。

6. **富有创造力的人非常谦逊，同时又很骄傲。**真正的大家其实都非常谦逊，完全没有架子。不过，谦虚并不妨碍他们知道自己取得了很大的成就，这能给予他们安全感，甚至是骄傲，这通常表现为自信。

7. **富有创造力的人既富有"阳刚之气"，又具有"阴柔"特点。**在不少的文化中，养育男孩强调的是"阳刚之气"，轻视并压制其被认为具有"阴柔"特点的性格，而对女孩的期望正相反。然而，富有创造力的人在某种程度避免了这种严格的性别角色成见。

8. **富有创造力的人通常被认为是反叛的、独立的，但在某种程度上，他们又是传统主义者。**既传统、保守，又反叛、反传统的人，才可能拥有创造力。一味保持传统会导致在领域内默守成规；只是不断冒险而认识不到有价值的东西，则很少能做出被认可的创新。

9. 大多数富有创造力的人都对自己的工作充满了热情，但他们同样会非常客观地看待工作。如果对工作抱有应付差事的心态，就不可能会花心思创新；但如果一直热情过火，又容易陷入盲目的自我迷信中，忽视阻碍创新的问题。

10. 富有创造力的人的坦率与敏感使他们既感到痛苦煎熬，又享受着巨大的喜悦。我们很容易理解他们的痛苦，因为高度的敏感性会使他们感觉到常人感觉不到的焦虑。拥有这种情绪的癫狂状态，也是我们对富有创造力的人的普遍印象，比如凡·高。

以上 10 对相互矛盾的人格特点也许是富有创造力的人的最显著的特点。需要强调的是，这些相互矛盾的特点或其他矛盾的特点通常很难在同一个人身上找到。

产生创造力的五个阶段

传说牛顿被一个苹果砸中了头，因此研究出了地心引力。创造力看起来好像是凭空出现的灵感，但其实，创造力的运行机制，即创造力的产生，通常可分为五个阶段。

阶段 1：准备期

人们会在这个阶段有意识或无意识地沉浸在一系列有趣的、能激发好奇心的问题中。比如，牛顿在被苹果砸中之前早就学习了各种物理学知识，对自然界的很多现象都有强烈的好奇心。

阶段 2：酝酿期

在这个阶段，想法会在潜意识中翻腾。我们不知道牛顿是出于什么原因来到苹果树下的，他很可能是离开工作环境，放松休息。这个时候，他看似不在工作，但潜意识会在后台运行，很多联结有可能会在这个阶段被建立起来，给人灵感。

阶段 3：洞悉期，也被称为"啊哈"时刻

在现实生活中，可能有几次洞悉分别出现在酝酿期、评价期和精心制作期。牛顿被苹果砸头——如果真有这么一回事的话，就属于他灵光闪现的"啊哈"时刻。

阶段 4：评价期

人们必须决定自己的洞悉是否有价值，是否值得继续研究下去。牛顿通过经验的积累很容易就能判断出苹果落地跟某种力是相关的，是值得研究的对象。

阶段 5：精心制作期

这个阶段花费的时间可能最多，工作也最辛苦。如果没有辛苦的论证过程，我们今天就不知道地心引力，也不会知道牛顿被苹果砸中的趣事了。

很多作家在写作的过程中也会经历这些阶段，他们总是先对某些主题产生兴趣，但不会马上着手去做，只是在心里酝酿，随后在某个时刻突然产生灵感，判定值得去写，继而开始艰苦的创作。

> **创造力不是突然的灵感，而是大量工作后的厚积薄发。**

这五个阶段往往是循环的，不是单纯经历一遍就结束了。

再以米哈里·希斯赞特米哈伊的经历为例。他经历过第二次世界大战，看到人们经历过战争的巨大创伤之后就很难再过上正常的生活了。于是，他开始思考如何才能提升人的幸福感（**准备期**）。他并没有

马上展开行动，而是从事了很多不相关的工作，但这个想法始终在他的心中酝酿（**酝酿期**），直到接触到心理学家荣格的公开演讲，他才备受启发（**洞悉**）。在阅读了荣格和弗洛伊德的大量心理学著作后，他才决心从事心理学研究（**评价期**）。从此，他投入了大量时间去学习和研究（**精心制作期**）。之后，他又多次经历了创造力的各个阶段，最终他才提出了"心流"理论，成为心理学的一代宗师。

这些过程和"心流"有什么关系呢？实际上，无论在哪个领域，无论这些创造者在性格、行为上存在多少差异，他们都有一点是相同的，那就是对事业的喜欢。他们喜欢做自己的事情，不被名或利所驱动，而是享受做事本身。他们在进行创作活动时可以产生一种专注投入的理想体验，这就是"心流"。反过来，如果没有"心流"体验，那么人们不仅会工作得更辛苦，而且还很难有创新。

有了"心流"体验，人就会感到幸福和满足。但有趣的是，人们并不是在处于"心流"状态时感到快乐——因为在思考过程中顾不上别的，而是在"心流"体验结束之后才会沉浸在快乐之中。"心流"体验越多，人们感到的幸福和满足越多。

> 幸福生活的秘密在于，学会从必须做的事情中获得尽可能多的"心流"体验。

激发创造力的环境

很多作家都会有自己专门用来写作的工作室。作家萧伯纳在自家花园里建了一间小屋，每次写作时就会把自己关进去，以防被打扰。也有人喜欢在空旷的场地散步、思考，甚至为获得灵感而在飞机上写作。总之，创造者们似乎都有专属于自己的激发创造力的环境。

事实上，什么样的环境可以激发创造力主要取决于人们处于创造力产生过程的哪个阶段。

在准备期，人们要收集要素，需要在不受干扰的环境下工作，如科学家适合在实验室工作，艺术家适合在工作室工作。在酝酿期则需要换个环境，壮丽的风景或新奇的异国文化等，比熟悉的环境更能让人们在潜意识中建立意想不到的联结，等待灵感迸发。这之后，又需要人们回归熟悉的环境，不被打扰地精心制作，最终完成创作。

因此，根据创造力产生的几个阶段，人们可以按照自己的需求安排相应的工作环境，这种环境至少需要具备两个因素：第一，要有全身心投入工作的空间；第二，要有激发创意的空间，如散步、冥想空间。接下来，人们就可以根据自己的节奏去变换环境和寻求灵感了。

> 创造力的产生并非源于某个人身上的某个具体特点，而是源于这个人要让自己时刻处在创造力系统中。

如何培养创造力

不难发现，创造者们的童年经历各不相同——有的从小就是奇才，有的非常普通，还有的历经艰辛和坎坷，似乎没有固定的发展模式可言。不过，我们也能发现，很多在童年时期就展露惊人天赋的人未必能成为创造者，因为人们容易因为过早表现出某种天赋而在夸赞中迷失方向，半途而废。只有那些常年保持好奇心，在一个领域不断深入学习、积累了足够经验的人才有可能实现创新。

这样的人往往会经历一段孤独的青春期。他们拥有强烈的好奇心和专一的兴趣，因此常常会在同龄人中间显得格格不入、不受欢迎。然而，这种被边缘化、被孤立的经历尽管在当时可能会给他们带来痛苦，但是保护了他们的兴趣，让他们在大段的独处时间中将兴趣发展成个人优势。因此，如果父母看到青春期的孩子"不合群"，先不要太焦虑，而是要去观察孩子是否有自己热衷的领域。如果看到了能体现其创造力的萌芽，就要给予理解，并呵护他们的兴趣，而不是去干预，强迫孩子融入集体。

那么，长期旺盛的兴趣又来自哪里？以目前的研究来看还不能得出结论。不过，那些成绩非凡的创造者似乎都很幸运，他们在兴趣显露出来的时候就得到了培养和发展的机会，而不是机会被扼杀。而且，在天时地利人和的环境下，他们在成年甚至到了老年之后仍能继续发展，专注于他们感兴趣的领域，不断获得突破和创新。对于儿童和青少年来说，他们的发展更多的是来自父母的影响。因此，父母应当在这个阶段重视对孩子的呵护和引导。

有研究表明，父母想要激发并引导孩子的兴趣，促进孩子的智力发展，就要像对待成年人一样对待孩子，给予他们尊重、鼓励和支持。另外，父母的价值观也会影响到孩子，大多数受访者都声称自己取得成功的主要原因之一是他们的真诚和坦率，而且，他们都一致表示这些是从自己的父母身上学到的美德。

此外，创造者们拥有好奇心，对生活抱有积极乐观的态度，往往来自父母的影响。因此，想要培养更有创造力的孩子，父母应当以身作则，以积极的价值观潜移默化地影响孩子。其实，每个人都有创造性的心理能量，只不过会遇到一些妨碍自己释放潜力的障碍，比如，有的人受限于各种外界的要求和压力，有的人懒惰、缺乏自制力，还有的人不知道如何合理分配自己的能量。

为了帮孩子应对这些障碍，在日常生活中激发创造力，父母可以按照以下三个步骤来做。

步骤 1：培养孩子的好奇心和兴趣

1. 每天设法帮孩子找一些让他感到惊喜的事情，比如，在接送孩子上下学的路上放慢脚步，引导他观察熟悉的街道发生了哪些变化。

2. 引导孩子设法做一些让别人感到惊喜的事情，比如，可以尝试换一种方式完成手工作业，或是在集体活动中表演新节目。

3. 让孩子把这些事情记录下来，从而使这种体验更具体且持久，以帮助他了解自己真正感兴趣的领域。

4. 一旦某件事点燃了孩子的兴趣火花，父母就一定要鼓励他去抓住它，不要让孩子觉得它很遥远、跟自己没有关系。如果孩子不去关注和尝试，那么他可能永远都不知道世界的哪个部分会适合自己的潜能深挖。

步骤 2：帮孩子发掘日常生活中的"心流"

父母要陪伴孩子每天有目的地做事，全身心投入，努力把事情做好，并让事情变得更有趣。为了让孩子能够持续感到乐趣，你还需要想办法增加事情的复杂性，让孩子不断迎接新的挑战和机会，这样才能激发他产生更多的兴趣，促使他独自去研究和探索。

步骤 3：保护孩子被唤醒的创造力，让他专注于此，养成习惯

父母需要协助孩子管理日程安排，并让他抽时间进行反思和放松。引导孩子找到他在生活中喜欢的和反感的事情，从而把精力更多地放在喜欢的事情上，而不是反感的事情上。

以上就是父母在日常生活中能激发孩子创造力的方法。这样做，既能让孩子变得更有创造力，也能让他的生活变得更加充实。

聪明养育小贴士

父母可以帮助孩子明确目标，在挑战与技能间实现平衡，在避免分心以及在行动与意识相融合的忘我投入中体会创造力方面的"心流"状态。

聪明养育小练习

情景再现：孩子想要搭积木时，我如何做才能激发孩子的创造力，让孩子体会"心流"状态？

1. 为孩子提供安静专注的游戏场所。
我会这样做：＿＿＿＿＿＿＿＿＿＿＿＿＿＿＿

2. 和孩子共同设定一个目标、鼓励他自己去探索。
我会这样做：＿＿＿＿＿＿＿＿＿＿＿＿＿＿＿

3. 在孩子搭积木的过程中，尽量不要随意打断或是指导他怎么做。
我会这样做：＿＿＿＿＿＿＿＿＿＿＿＿＿＿＿

4. 当孩子遇到问题时，提供方法引导他思考。
我会这样做：＿＿＿＿＿＿＿＿＿＿＿＿＿＿＿

5. 在孩子完成目标后，客观评价并和他一同思考优化方案。
我会这样做：＿＿＿＿＿＿＿＿＿＿＿＿＿＿＿

创造力

[美]米哈里·奇斯赞特米哈伊

1 创造力是如何产生的

(1) 产生创造力的五个阶段

准备→酝酿→
洞悉→评价→
精心制作

(2) 激发创造力的环境，
具备两个因素

• 拥有全身心投入工作的空间
• 拥有激发创意的空间

2 如何培养孩子创造力

(1) 培养好奇心和兴趣

(2) 帮孩子发掘日常生活
中的"心流"

(3) 保护孩子被唤醒的创造力，
让他专注于此，养成习惯

第
四
部
分

工具箱

如何提升父母胜任力

18

与情绪和谐相处

想一想：

∾ 如何应对被拒绝？
∾ 如何应对孤独？
∾ 如何应对内疚？

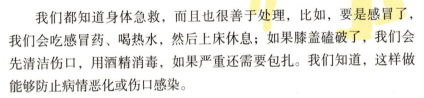

　　我们都知道身体急救，而且也很善于处理，比如，要是感冒了，我们会吃感冒药、喝热水，然后上床休息；如果膝盖磕破了，我们会先清洁伤口，用酒精消毒，如果严重还需要包扎。我们知道，这样做能够防止病情恶化或伤口感染。

　　可是，你会情绪急救吗？你是否知道，如何应对被拒绝的痛苦？如何应对孤独的无助？如何应对内疚的折磨？

　　是不是好像说不出来？

　　很可能是因为你没有治疗心理伤害的药箱。

　　纽约大学医学中心专攻家庭与夫妻治疗的盖伊·温奇（Guy Winch）博士撰写的《情绪急救》（*Emotional Fist Aid*）一书填补了这方面内容的空缺。掌握这些情绪急救法，不仅能更好地管理我们自己的情绪，还可以教给孩子和家人。

如何应对被拒绝

　　被拒绝，应该算是所有情感创伤中最常见的一种了。

被拒绝就像是心理上的创伤，不仅会引起尖锐的、情绪上的疼痛，让人心生愤怒，还会削弱人的自尊，动摇人的基本归属感。

以下是三个应对被拒绝的急救疗法。

反驳自我批判

在被拒绝时，人们常会先反思自己是不是因为犯了什么错误而被拒绝。不过，人们往往会因此而进行过度的自我批判，把所有的问题都自己扛。比如，有些人在感情方面被人拒绝，他会不断地懊恼自己之前的各种表现，会想：

"我那天应该打扮得更好看些才对！"

"一定是我那天说错话让她生气了，我就不该多说话！"

"我的方案没有中标，我太糟糕了！"

实际上，**被拒绝最常见的原因是缺少吸引力，或是不符合"追求对象"当下的特定标准**，而非我们做错了什么，或者有什么致命的缺陷。

不必要的自责只能加深我们已经感觉到的痛苦，进一步损害已受伤的自尊心，就像是往伤口上撒盐。

因此，第一个疗法就是反驳自我批判，即从客观、友善的视角来重新看待问题。

可以在写下你对被拒绝这件事产生的各种消极或自我批判的想法后试着换个角色，反驳刚才列出来的想法。比如这样告诉自己：

"我那天已经打扮得很好看了。"

"就算我说的话让她生气了，也不是我被拒绝的真正理由。"

"虽然我的方案没有中标了，但这只能说明我的方案不适合这个项目，而不能证明我很糟糕。"

恢复自我价值

被拒绝后，你的自信和自尊会受到一定的打击，因此要想办法恢复自我价值感。

首先，列一张清单，写下你认为自己最有价值的五个性格特点或品质，且尽量与你被拒绝的方面有关。比如，如果你是在求职中被拒绝，那么你可以列出自己在职场上的优势品质，如认真、务实、执行力强、善于沟通等。

然后，再详细地陈述：为什么你觉得这些品质很有价值？它们曾给你的人生带来过什么积极影响？为什么它是你自我形象的重要组成部分？

在这个陈述过程中，你会对自己拥有的品质有更进一步的认可，这是帮助你找回自信的绝佳途径。

> **自卑的人好像拥有一个薄弱的免疫系统，容易受到更多的心理伤害。**

修补社交感受

由于拒绝的刺痛会动摇人们的归属感，因此人们有时还需要向社交网络求助，找到其他方式来重建社交归属感。这就是为什么失恋的人最好别一个人待着，跟亲密的朋友在一起会好一些。

当然，能做到这一点有时并不是那么容易，因为朋友很可能会低估我们受到的伤害——毕竟，其实我们都不善于评估他人痛苦的程度。

这个时候可以尝试享受"社交零食"。这是什么意思呢？

在电影《荒岛余生》里，主人公一个人被困在孤岛上足足四年。在此期间，他只能看着女朋友凯莉的照片，并对着一个被他取名为"威尔逊"的排球讲话。那么，女朋友的照片和那只排球就是"社交零食"。

在我们被拒绝、被排斥的时候，可以通过补充"社交零食"来修复归属感。"社交零食"有很多种形式，如孩子的照片、视频，密友的信件，伴侣赠送的礼物等。

如何应对孤独

互联网的发展让我们史无前例地跟世界建立了各种各样的联结，却有越来越多的人感到孤独——很多人就算有伴侣或是处于恋爱关系中，仍然会感到孤独。**因为，决定我们是否孤独的因素不是人际关系的数量，而是质量。**长期的孤独会让我们不快乐，甚至对我们的身体健康具有惊人的破坏力。

> **决定我们是否孤独的因素不是人际关系的数量，而是质量。**

以下介绍分享三个急救方法。

积极假设

孤独往往会让人对社交保持警惕，会假设社交过程是消极的。比如，人们可能会有这样的想法：

"那个地方一定很乱！肯定会有一些我不喜欢的人！"

"我去了也多半没人理我，我只能一个人很无聊地坐在那里！"

　　要是这么想，就会越来越排斥社交，最后甚至可能会忘了跟很多人一起玩是什么感觉了。因此，此时最好的方式就是积极假设，也就是在头脑中幻想你成功社交的场景，让那些可能发生的、合理的美好场景变得"可视化"。

　　比如，你可以试着去参加一场电影分享会，然后在头脑中假设这样的画面：

　　来参加的人都非常友好、热情，大家围坐在一起，很愉快地谈论各自喜欢的电影。其中有个人跟你的品位特别相似，你们特别投缘，还约好了下次一起去看电影。

　　像这样的积极假设会让人对接下来的事情充满积极的期待，非常有助于重新建立社交。

联系旧友

　　当你感到特别孤独的时候，就说明你可能已经很久没跟朋友联系了。那么，现在就去联系旧友吧！如何做呢？

　　1. 查看你的通讯录、微信好友列表，选出 5~10 个关系最好的朋友或熟人，写下来。

　　2. 在每个名字后面，写下你上次见到这个人的时间和具体的细节。

　　3. 想想你跟每个人是怎么认识的，你们之间发生过什么让你印象深刻的事？

　　4. 根据你最想再见这个人一面的程度顺序，并从分数最高的开始，每周联系两个人——如果可能，最好是直接相约见面。

　　不管是爱情还是友情都需要悉心经营，多多见面感情才不容易变淡，也不会让人感到孤独。

养宠物

在某些情况下，环境可能会阻止我们创建新的社交关系。比如，公司的圈子比较封闭，居住的地方相对偏远，或是由于其他各种原因难以接触很多人。这时，不妨通过养宠物来抚慰孤独的心灵。

宠物如今已成为很多人生活中的标配，网络上到处都是各种"吸猫""吸狗"的人。尤其是狗，它们对于疗愈孤独的作用已得到了专业心理研究证明。当然，还需要强调一下：养任何宠物都要肩负一定的责任，不能仅仅因为孤独而用一只宠物来排忧解闷。一定要事先反复确认，自己能否照顾好它。

如何应对内疚

内疚其实是一种比较普遍的情绪，当我们犯了错或是给他人造成了麻烦时就会产生这种情绪。轻度的内疚是好的，能让我们吸取教训；但较为严重的内疚就成了心灵毒药，不仅会给我们造成情绪困扰，还会有损我们与人沟通的能力，不利于与他人建立良好的人际关系。

要应对内心尚未缓解的内疚感，最有效的方法就是通过修复我们和受害者的关系来消除内疚感的源头。

这里分享两个情绪急救方法。

有效道歉

理论上讲，缓解人际关系上的内疚非常简单，只要你真诚地向受伤害的人道歉就行了。不过，有研究表明，在实践中，很多简单的道歉都会出错，尤其是在道歉被认为言不由衷时就会适得其反，使情况雪上加霜。虽然我们从小就学会了说"对不起"三个字，但很少有人真正懂得应该如何说出这句话。

有效道歉需要包括三个基本成分：

- 对发生的事情表示遗憾；
- 明确说出"对不起"；
- 请求原谅。

以上三个基本成分都必须以真诚的态度传递。比如：

你因为周末临时加班而没有带孩子去之前约好的游乐场，那么你不要轻描淡写地说："哎呀，我今天得加班啊，咱们以后有机会再去！"而应该用真诚的、完整的表述，比如："真抱歉，宝贝，我今天因为临时加班而没法带你去游乐场了，我也感到很遗憾，真的非常对不起！希望你能原谅我！"

除此之外，还需要添加另外三个成分才能让道歉的效果达到最好。这三个成分分别是肯定对方的感受、要求赎罪，以及做出承诺。

肯定对方的感受包含以下几个步骤：

- 你要让对方完整地叙述事件的经过；
- 你需要从对方的角度来传达你对这件事的看法和你对他造成的影响，无论你是否同意他的观点；
- 你还要告诉对方你理解他的感受，并表达你的同情和自责。

在肯定了感受之后，就需要通过提供补偿等方式来要求赎罪。

即使对方可能会拒绝你的提议，但要求赎罪这个行为对他来说也是非常有意义的。比如：

如果你没能去参加孩子的毕业演出，那么你需要告诉孩子："很抱歉，妈妈因为工作没能去看你表演，我知道你为了这场表演准备了很久，妈妈没能看到让你感到很失望，其实妈妈也感到很遗憾。我很希望能在家里看你再表演一次，或者，我带你去你一直想去的海洋馆玩作为补偿，好不好？"

最后，为了让对方彻底放心，还需要做出承诺。

妨碍我们得到谅解的重要原因常常是受伤害的人不知道我们是否吸取了教训，不确定我们是否还会再犯同样的错误。因此，最好做出承诺，并提出明确的计划，以确保避免重蹈覆辙。比如：

你忘记了朋友的生日，你可以这样向他承诺："我已经把你的生日输入我手机的日历中了，这样我就一定不会忘记了。"

自我原谅

有时，你的错误可能得不到宽恕——要么是现状不允许，比如你根本联系不到对方；要么是你已经尽了最大努力，还是没得到对方的原谅。在这种情况下，缓解痛苦的唯一方式就是自我原谅。自我原谅是一个过程，而不是一个决定。

自我原谅分为两个部分，分别是问责和赎罪。

部分 1：问责

问责是指你要全面而客观地把自己在这件事上的责任梳理清楚，共分以下四个步骤。

1. 描述清楚你具体的错误行为。

2. 查看你的描述是否客观，去掉所有修饰和借口。既不要给自己找太多理由，也不需要过度自责。可以把自己想象成整个过程中的旁观者，只要真实地再现整个事件就可以了。

3. 从现实和情感两个方面总结对方受到的伤害。比如，因为你的过度指责而使一位同事被解雇。那么你需要考虑：在现实层面上，对方可能因此面临经济困境，他重新找工作需要付出很多成本；在情感层面上，他的自尊遭受了打击，他会长时间地处于愤怒和不满中……

4. 你需要认真反思，你是故意这样做的吗？如果是，这是为什么呢？如果不是，你的本意又是什么？如果你的目的就是伤害，请一定要解释清楚为什么这样做。如果你的意图是良性的，就要认真想清楚，到底是哪里出了问题？有哪些因素是情有可原的？

这个梳理过程能帮你足够全面地确认自己在这件事上到底有多大的错，需要承担多少责任，以防止被过度的内疚感淹没。

部分 2：赎罪

赎罪分为以下三个步骤。

1. 你要思考，在思维、习惯、行为乃至生活方式上需要做出哪些改变才能最大程度地降低重犯的可能性？比如，你因为经常回家很晚而错过跟孩子的睡前交流。那么，你可能需要重新评估你的工作安排，想办法调整时间，更多地陪伴孩子。

2. 你要为自己的行为做出有意义的补偿。盖伊·温奇曾帮助过一个因多次偷父母的钱而感到愧疚的 15 岁女孩。这个女孩认为，如果只是单纯承认自己的盗窃行为就会有损她在父母心目中"好孩子"的形象，还会给父母造成严重的情绪困扰，因为父母从未意识到是女儿偷了钱。对此，盖伊·温奇给她的解决办法是，想办法去做兼职，偷偷地把自己挣来的钱放回母亲的钱包。

3. 可以举行一个简短的仪式来纪念赎罪任务的完成。还是上面所讲的那个偷钱的女孩，在她把最后一张钞票放回母亲的钱包后，她的计划是——偷偷为父母准备一顿丰盛的晚餐，以纪念她的内疚感被消除。这个仪式就是证明，她的忏悔已经结束了。到了这一步，就意味着完成了自我原谅，不再会被强烈的内疚感折磨了。

聪明养育小贴士

被拒绝、孤独、内疚等情绪常常会涌上我们的心头，成为我们生活的一部分。我们可以根据自己的具体需求，个性化地填满情绪急救箱，找到对自己来说疗效最好的方式，拥有情绪健康的生活。

聪明养育小练习

情景再现：我因为工作上的不顺心而在回家后因为一件小事和孩子发脾气，孩子感到很难过和委屈，我也为自己的行为感到后悔。我将如何应对内疚并和孩子重新建立联结？

1. 有效道歉。

我会这样说：_____

2. 肯定对方的感受。

我会这样听：_____

我会这样说：_____

3. 要求赎罪。

我会这样说：_____

4. 做出承诺。

我会这样说：_____

情绪急救

[美]盖伊·温奇

1 如何应对被拒绝

急救疗法

· 反驳自我批判
· 恢复自我价值
· 修补社交愿受

2 如何应对孤独

急救疗法

积极假设　　联系旧友　　收养宠物

3 如何应对内疚

急救疗法

有效道歉　　自我原谅

19

高效能沟通

想一想:

- ଔ 关键对话中有哪些错误思想?
- ଔ 阻止观点沟通的最大元凶是什么?
- ଔ 如何营造关键对话中的安全气氛?

生活中的很多问题都是由于沟通效果不佳导致的，尤其是在关键对话中，多数人根本不会正确地和他人对话。

什么是关键对话？科里·帕特森（Kerry Patterson）等人在《关键对话》（*Crucial Conversation*）一书中指出，关键对话跟普通交谈的区别，表现在三个方面：**双方的观点有很大差距；对话存在很高的风险；双方都表现出激烈的情绪。**

比如，你向上司提出精心设计的方案，却被泼了一头冷水；想和配偶沟通，希望对方的父母不要干涉你们的生活；提醒朋友还钱，他却总找各种借口推脱……像这些情况，如果处理不当就可能引发很大的冲突和矛盾，把事情推向不好的方向。

人们最常见的应对方式是"傻瓜式选择"——要么对抗，要么逃避。

比如，在隔代养育方面，你心里明明不同意对方父母的一些育儿理念和做法，却认为眼前只有这样的两种选择：

- 表示强烈反对，提出自己的观点，但这会激化双方矛盾并难以调和；
- 沉默地接受，不管这样是否会对孩子不好，或者这是否会影响整个家庭。

就是这种担心直接面对会让问题变得更糟的心理，让很多人不会处理关键对话。

要解决这个问题，就需要详细剖析沟通中常见的盲点，明白处理关键对话最重要的是什么。既要切中要点，让对方明确你的看法，又要圆满得体，让对方可以自动反省。

关键对话中的错误思想

先分享一个例子。

父亲带着两个女儿回到家后，两个孩子都想去上厕所，但家里只有一个厕所，于是姐妹俩很快就为谁先去厕所而吵了起来。先是大声争执，然后推推搡搡，连难听的外号都叫出来了。

眼见无法解决问题，她们便向父亲求助，父亲却说："孩子们，这个问题你们要自己去解决。你们就待在这里商量吧，早晚能决定谁先用谁后用。不过，我有一条规定——不许打架。"就在两个烦躁的孩子进行关键对话时，父亲看了看手表，他想知道这个问题孩子们需要花多长时间才能解决。

大概过了 25 分钟之后，父亲终于听到了马桶的冲水声。一分钟后，听到了第二次。然后，他笑眯眯地问两个孩子："你们知不知道，在你们争吵不休的这段时间里，你们每个人可以上多少次厕所？为什么你们会用这么长时间呢？"一个孩子先说："因为她很自私啊！她从来都是这样！"另一个孩子也马上回答："胡说！她本来可以等我先上的，可是偏偏不让着我！"

明明这两个孩子的目标都是上厕所，但她们的处理方式却让这个目标变得遥不可及。

这其实在我们的生活中很常见。在面临关键对话时，很多人总会认为，问题的产生全是对方的过错。于是就简单地认为，只要能搞定对方，事情就能得到解决，而没有想过自己能够做什么。因此，在很多沟通中，人们争到最后只是为了说服对方，以证明自己是对的。

因此，要想在关键对话中解决问题，第一步就是避免出现以上提到的错误想法，学会审视自我，从自己身上找原因。

阻止观点沟通的最大元凶

请仔细想想，人们在什么情况下会中断正常而冷静的沟通呢？

答案是：**恐惧**。

当你担心对方拒绝接受你的看法时，你可能会表现得很强势，充满攻击性；当你担心说出真相会受到某种伤害时，你可能会犹豫、退缩，隐瞒内心的想法。显然，无论是对抗还是逃避，这些反应全都是由恐惧感催生的。

> 阻止观点交流的最大元凶，莫过于恐惧。

你是否有过这样的经历？

有时在和别人沟通时，明明对方并没有提出反对意见，但你总觉得他是在针对你，哪怕他表示他跟你的想法一致，你也会觉得他很虚伪，他是在故意说反话。这是为什么呢？因为你可能会觉得对方有私心、有企图，整个对话的气氛都让你产生了不安全感，使你无法信任对方，从而无法客观地接收对方的反馈。

与此相反，在跟有些人沟通时，虽然你们的观点不一样，甚至对方直接指出你是错误的，你也不会产生抵触情绪，而是认真倾听他的反馈，并仔细思考他的看法。这又是为什么呢？因为，你明确地知道，对方是站在你的角度充分考虑了你的利益。你相信对方的动机，相信对话过程是很安全的；你们可以放心地、随心所欲地讨论任何问题，而不用担心会受到攻击和羞辱。因此，你可以坦然接受对方的任何观点，而不产生抵触情绪。

这说明，其实人们不会因为表达的具体内容而感到气愤。当人们产生抵触情绪时，通常是因为在对话中失去了安全感。因此，**关键对话的核心，就在于对话的方式和气氛。**

然而，遗憾的是，如果对方先失去了安全感，那么他往往会质疑你、否定你，甚至是羞辱你。这些进攻性的举动又会反过来让你失去安全感，从而很难冷静处理——你往往会一心想着和对方对着干，正所谓"以眼还眼、以牙还牙"。

因此，我们需要对沉默和暴力等抵触行为做出新的理解，把它们看作对方在沟通中失去安全感的信号。当对方情绪失控或是拒绝对话时，学会对自己这样说："啊，我明白了，那是他感到缺乏安全感的信号！我要想办法提高他的安全感才行！"

如何营造与修复安全气氛

互相尊重

用一个比喻来说，尊重就像空气，当它存在时，没有人会想到它；当你把它拿走时，人们就会觉得缺少了非常重要的东西。大家应该对此深有体会：我们一旦在对话中感到不被尊重，就会觉得缺乏安全感；

原本关于某个目标的讨论也会立刻终止，取而代之的是出于自尊的高度防御。

比如，对方在听取你的意见时，不自觉地翻了个白眼，这个细微的动作透露出了他内心的轻蔑。结果可想而知——失去了互相尊重的对话，只能以失败告终。

在必要的时候向对方真诚道歉

有时，如果确实是因为你的问题而给对方造成了麻烦，那么在沟通之前就需要先道歉。如果在沟通过程中，你因为情绪失控而冒犯了对方，也需要及时道歉，等对方原谅你之后再继续对话。

当然，口头上的道歉并不一定就是真诚的道歉。真诚的道歉，需要你放下面子、放下争强好胜的心，甚至是需要牺牲一点自尊心来承认自己的错误。只有有所牺牲才能换来回报，放下一些立场和偏执，往往会换来一段更健康的对话，获得更理想的结果。

避免误会

沟通中难免会产生误会，特别是在关键对话中。有时，可能仅仅是一个用词不当就会造成对方的误解。此时，先暂停争执，然后利用对比法重建安全感。对比法是一种是非型的陈述结构，包含以下两个部分：

- 否定部分，用来打消对方的误解；
- 肯定部分，用来确认你的真实目的。

比如，你在对孩子的行为提出建议时可以这样说："宝贝，希望你知道我不是在否定你；相反，我认为你学习一直非常认真和努力。我只是希望，你能更加合理地安排时间，把作业完成后再去看动画片，这样也不会延误你睡觉的时间。"像这样说，就比你直接来一句"别看了，先去做作业"要好得多。

而在对比法的陈述中，否定部分是相对更重要的，因为它解决的是危及安全感的问题。一定要记住：**营造安全氛围，永远排在关键对话的第一位。**

> **营造安全氛围，永远排在关键对话的第一位。**

这里还需要强调一下，消除误会并不是道歉，也不代表你之前的话是错的。

比如，孩子因磨蹭而上课迟到了。他在与你谈话的过程中，表现出了紧张和不安。这时，你可能出于不忍心而安慰道："其实，这件事也没那么严重啦！"要注意！不要这样说，因为迟到这个错误本身就是需要引起孩子重视的。你可以试着这样说："你要明白我不是在责怪你，你以前很少会因为磨蹭而迟到。我想让你知道的是，迟到确实对你不好，对别人也不好，相信你以后不会再犯同样的错误了。"

创建共同目的

有时，你做到了与对方彼此尊重，也没有误会，却还是会陷入争论中，为什么呢？很可能是双方的目的不同。这时，你需要另辟蹊径，想办法创建共同目的。如何做呢？

步骤1：积极寻找共同目的

要先摒弃这样的想法："我的选择是最好的，是唯一正确的，要是达不到这个目的，我们的沟通就没有意义。"如果你找对方谈话的目的只是想满足自己的需求，那么对方一定会感受到你的自私，并从一开始就排斥你谈到的所有内容。

因此，在开始对话之前，你需要审视自我，检查自己的动机是不是为了双方共同的目的。比如，你可以询问自己三个问题：

- 我希望为自己实现什么目标？
- 我希望为对方实现什么目标？
- 找希望为我们之间的关系实现什么目标？

然后，率先向对方做出承诺，表示你愿意继续对话，直到找出让双方都满意的解决方案。比如这样说："如果我们继续各持己见，那么这肯定是行不通的，你是否愿意和我一起想想，有没有什么两全其美的方案呢？"

步骤 2：识别策略背后的目的

我们以为矛盾不可调和，其实往往是因为我们把对方的策略和目的混为一谈了。比如：

妈妈准备周末在家好好放松，孩子却提出他想出去玩。于是，他们争论了起来："待在家里！""出去玩！""待在家里！""出去玩！"……

这个问题听起来似乎很难解决，因为"在家"和"外出"是水火不容的对立选择。不过，仔细分析之后你就会发现，不管是出去玩还是待在家里，都只是一种行为策略，而不是最终的目的。

因此，在这种情况下，可以这样打破僵局，试着询问孩子为什么想这样。

还是以上述情节为例。

妈妈："你为什么想出去玩呢？"

孩子："因为想要你陪着我。"

妈妈："在家我也陪着你呀！"

孩子："在家你总是看电脑、玩手机。"

妈妈："哦，原来是这样啊……其实妈妈之所以说想待在家里，只是因为想要安静放松一些。"

孩子若有所思地点点头。

妈妈："嗯……如果我们能想出一个既不会让我被手机和电脑打扰，又能安静放松的解决方案，我们就皆大欢喜了，对吗？"

孩子："那当然！不如开车去郊区看看风景怎么样？"

在成功区分策略和目的之后，新的选择自然而然地就会出现了。

步骤3：开发共同目的

如果你发现你和对方的目的确实南辕北辙、难以融合，开发共同目的就能有效推动沟通。要做到这一点，你要把视野拓宽，把眼光放长远，寻找对双方都更有意义或回报更大的目标，而不是眼前产生争执的目标。

再举一个例子。

一名员工获得了一个极好的跳槽机会，薪水是现在的三倍，但需要经常出差。不过，他的儿子即将升入小学，而且妻子有孕在身，还要照顾年迈的公婆，一家人都不希望他换工作。

这时他该怎么办呢？

第一种情况，一意孤行，不考虑家人的感受执意换工作。

第二种情况，放弃这次机会，无可奈何地妥协。

看起来，以上两种情况似乎都是很糟糕的解决方案。因为如果一直纠结"要不要换工作"这个问题，一家人就很难达成一致。然而，如果能更进一步思考，那么夫妻双方则可能会做出这样的决定：夫妻关系和家人的需要，优先于对职业发展的考虑。基于这个大前提，再去思考：

- 这份工作，是不是唯一令自己开心的选择呢？
- 薪水翻倍但频繁出差，能不能让家人满意呢？
- 有没有办法能够既不用换工作，又能实现事业发展目标呢？

这里没有绝对的答案，但是可以预测，**如果能够站在开发共同目的的角度去思考，就可能出现更多的选择。**

步骤 4：和对方共同构思新策略

做到上述几点后，你可以在更安全的气氛中继续与对方沟通，并和对方一起开动脑筋，共同构思可以满足双方需求的新策略。

聪明养育小贴士

只要你能做到在对话中关注安全感，就能设身处地地考虑对方的感受，能够三思而后言。这样一来，关键对话中的很多问题都能够迎刃而解了。

聪明养育小练习

情景再现：你和孩子关于报什么兴趣班产生了分歧，你希望如何在这场关键对话中和他创建共同目的，做出更好的选择？

1.积极寻找共同目的。
我会这样说：

2.识别策略背后的目的。
我会这样问：
孩子的回答是：
我根据自己所听到的，给孩子的反馈是：
关于我的反馈，孩子的回应是：

3. 开发共同目的。

我会这样说：_____

4. 和对方共同构思新策略。

我会这样说：_____

孩子的提议是：_____

我们的讨论是：_____

我们最后达成的共识是：_____

关键对话

[美]科里·帕特森/约瑟夫·格雷尼
罗恩·麦克米兰/艾尔·史威茨勒

1 什么是关键对话

(1) 双方观点有很大差距

(2) 对话存在很高的风险

(3) 双方都表现出激烈的情绪

2 阻止观点沟通的最大元凶

恐惧

当人觉得沟通氛围不安全时，
就会抵触和防御

3 如何营造关键对话中的
安全气氛

互相尊重

真诚道歉

避免误会

创建共同目的

20

优质的社交能力

想一想：

- ☞ 如何察言观色?
- ☞ 如何建立深层社交?
- ☞ 如何让聊天更有效?

如何获得幸福？

这个问题特别大，因为"幸福"并不是个具象的词汇，很难被准确定义。

哈佛心理学专家、知名作家刘墉之子刘轩，在《幸福的最小行动》这本书中，运用实用心理学的知识将幸福拆分成了一个个切实可行的小行动，涉及的范围也比较广，包括：社交、沟通、约会，以及克服拖延、习惯养成等。

本章将主要分享社交和沟通，与你分享如何在忙碌快节奏的生活中利用专业的心理学技巧学会察言观色、阅人识人，并提升自己的沟通与社交能力。

刘轩特别强调，他非常相信行动的力量。

知识固然很重要，但更重要的是如何去活用这些知识。一些好用的思维工具能帮助我们更高效地去实践、行动，并通过不断积累的小改变促成大幸福。

不断积累小改变，一定会促成大幸福。

察言观色的四个步骤

观察

观察包括留意对方的穿着打扮、言行举止，以及对方带给我们的感觉。这只需要做到客观观察就可以了，不要过快地给人贴标签，或是不自觉地带着刻板印象与人互动。只需要保持开放的心态，专注于感受当下的气氛。

分辨

分辨主要是留意一个人的行为特征，注意他的惯性动作，从而判断对方是否出现异常。

比如，你在与孩子沟通时要留意孩子的肢体动作：可能会点头肯定，也可能会表现出不认同，还可能会表现出惊讶，甚至是呆住了没反应。这些反常信号是一个突破口，有助于你更准确地了解孩子的想法。

分析

分析一定不是靠想象，而是基于一些客观的事实基础去探求背后的原因。在分析的过程中，需要把各种因素都考虑进来，归纳出不同的可能性，一定不要只凭对方单一的举动就轻易下判断。

试探

比如，你带孩子去到一个陌生且人多的环境，然后发现他突然开始抖脚、摸脖子，显得很不自在的样子。如果直接问他，他可能不一定会说自己怎么了，或是不知道怎么说。

分享一个试探技巧，你可以这么说："别急，再过一会儿我们就离开。"

如果孩子听了这句话就不再抖脚或摸脖子了，那基本就能确定，他不喜欢这里，想要尽快离开。但如果孩子说"不是，我只是想去卫生间，但附近好像没看到"，那么你就会知道他刚才表现出焦虑的真正原因是什么了。

这就是比较有效的试探方法，不过，**最好的试探方法是分享一段自己的故事**。举个例子：

当刘轩在波士顿读研究生时，有一天，一位朋友来找他玩，他带朋友去了波士顿最有名的海鲜餐厅，并大力推荐这家店必点的龙虾。龙虾上桌后，他发现那个朋友显得有点不自在，平时嘻嘻哈哈的他此时显得有点拘谨，只挑一旁的配菜吃。

于是，刘轩开始分析："他是不是不喜欢吃龙虾？是不是不好意思拒绝我才跟着点了龙虾？还是他怕弄脏了手？"

对此，他没有直接问，而是先分享了他自己第一次吃龙虾的故事。

他说："你知道吗，我想起自己第一次吃龙虾的时候，特别狼狈，完全不知道怎么下手……"

朋友听完，笑了笑告诉他："不瞒你说，其实这是我第一次吃龙虾。"

这时就真相大白了，原来这位朋友是不好意思在他面前出糗。

试探未必要直接问出问题，有时主动分享反而能让对方更快地卸下心防，把真实的感受说出来。

深层社交的五个要点

正面

在社交中，你要尽量给人留下正面的印象，其中最关键的就是要尽量展现出积极的样子。

有些人其实人很好，也非常有礼貌，却喜欢在社交中抱怨：抱怨天气、工作、伴侣、小孩……当然，抱怨很正常，有时集体抱怨也算是一种情绪宣泄。不过，过多的负面信息会让整个社交场合都充满着负面的氛围，甚至会影响别人的好心情。

因此，要留下正面的印象，就一定要注意自己的言词，即便是不好的事情也可以试试用正面的语言来表达。比如，和朋友吃饭时，如果点到了很难吃的菜，与其说"这家餐厅的菜怎么那么难吃啊！简直让人想吐"，不如说"这家餐厅很适合减肥，吃一口就没有食欲了"。

都是在抱怨，但后者听起来却有趣多了。

> **开口之前，先品味自己的用词。**

投入

投入指的是一种最容易在社交中与人建立起好感与信任的状态。投入的核心是，让对方感觉到你很重视他。

分享一些有关投入的技巧，比如：

- 在与对方开始正式沟通前，把手机调成静音或关机；

● 倾听对方说话的时候，看着他的眼睛，及时做出言语和肢体上的
  回应；
● 身体微微前倾，拉近你与对方的身体距离；
● 如果你们的交谈在中途被打断，可以继续开始后，主动转回刚才的
  话题。

这些表现都会让对方觉得你很尊重他，从而更愿意与你交心。

需要注意的是，如果只是假装交心，那么对方会通过你的微表情
和微动作感受到你的心不在焉。所以，千万不要心存侥幸。

真实

如果让对方觉得你是个虚伪的、表里不一的人，那将是社交中很
糟糕的事。比如，你平时对同事彬彬有礼，但在和服务员说话时则很
嚣张又不礼貌，就会给人留下很糟的印象。

如何最大程度地展现出真实呢？你需要在对话的时候让自己所
说的话、语音语调、表情和肢体都保持高度统一。如果你嘴巴上说着
"好开心啊"，笑容却很僵硬，或是语气听起来一点都不兴奋，就会让
人感觉很假、很虚伪。

其实，要做到真实也很简单——不要过度包装甚至伪装自己，让
你的表情和肢体语言都自然流露就够了。

联结

联结，意味着拉近距离。

如何在社交中跟人拉近距离呢？对彼此的认识越具体，就越容易
拉近距离。如果能发现双方的一些具体的、难得的共同点就更好了。

你肯定有过这样的经历：在一个陌生的场合，听到旁边人说话的

口音很熟悉，一聊发现是老乡，深入沟通后发现你们竟然来自同一座城市，甚至住得很近，这样距离一下子就拉近了。

总之，只要多交流，就一定能找到一些共同点，不管是喜欢的音乐、球队还是电影，每个分享都是建立联结的机会。

共情

共情，就是能够感同身受、为对方设身处地地着想。能做到共情的人，不但更容易获得他人的喜欢，也更容易喜欢别人，因为他能用共情理解对方，从而更容易看到对方的好。

不过，要做到共情有时很难，因为每个人都有各自的价值观，有时候实在无法认同对方。这时就需要注意，不要急着下判断，不要急着说教，先试着理解对方。正像这句话所说："我不同意你的观点，但我捍卫你说话的权利。"那么，你也可以这么跟对方说："我主观上不同意你的观点，但我真心想听听你的思路是什么。"

当你能够这么做时，即便对方的立场与你不同，他也会因为你的共情而对你多一分尊敬。

深度聊天的四个步骤

你会发现，有人在第一次和别人见面就让人很喜欢和他聊天。倒不一定是因为这些人具体说了什么，而是他们给人留下了非常好的感觉。是的，在社会交往中，感觉往往比信息更让人难忘。

我们可以把聊天的过程比作盖一栋房子，分为以下四个步骤。

勘察地形

盖房子之前要先勘察地形：地段好不好、左邻右舍是什么人、附近的学区和商圈是什么情况……

和人聊天，自然也需要先做点功课，才能知道要和对方聊些什么。

比如，你预先知道要结识一个新朋友，或是与某位重要人士有一场会议。只要知道对方的名字，就能利用网络轻松地查到很多资料。就算找不到具体资料，也可以事先了解一下与这个人相关的行业信息。更能让你加分的是，你还可以先学几个行业术语，把这些术语用在之后的对话中，对方听到一定会马上打起精神，并认为你就算不是同行，也应该是个内行人。

打好地基

地基，其实就是指聊天最开始的 3~5 分钟的初期印象，这直接决定了之后的聊天过程是否愉快和顺畅。

两个陌生人第一次见面，多多少少会有点紧张、尴尬。打地基的目的，就是为了减轻这种不自在，让对方觉得跟你聊天很舒服、放松、不用拘谨。

分享一个实用的小技巧：**转述别人的赞美**。比如：

"原来我朋友说的那位厉害的大神就是你啊！"
"刚才听我同事说，你是他认识的最厉害的媒体人！"
"主办方让我一定要认识你，说你的人生经历可以直接出书了！"

引用别人的赞美，既不会肉麻到自己，又能让对方很有面子，同时还为称赞他的人加了分。

加盖楼层

楼层，就是指对话的深度。在楼层比较低的时候，适合聊一些具体的、现实的观察。当房子盖得越来越高时，就可以更多地聊一聊内心的想法和感受。

有个最直接又简单的方法，**即让对方讲述自己精彩的故事。**

每个人都有精彩的故事，每个人也都爱听精彩的故事，但不是每个人都能说出精彩的故事，你能做的是要鼓励对方说出来。在整个过程中，让自己的表情和状态随着对方的故事的起伏而改变。最好是把自己放在对方的故事中，就像是在陪着对方一起重新经历故事的每一个细节、每一次曲折变化。

这里需要特别注意，**一旦对方开始讲述故事，就千万不要打断他。**

即使你听到了一件深有同感的事，也不要急着表达。你要先表示同意，点点头，把这个共鸣点暂时留在心中。等到对话突然卡住或是轮到你分享的时候，再把那些共鸣点说出来，比如：

"其实啊，你刚才说到 ×× 的时候，我特别有共鸣……"
"你刚刚说的那个 ××，我也非常喜欢……"

这样，会让对方感觉更舒服。

阁楼谈心

盖房子最终抵达的顶楼可被称为"心灵阁楼"，是只对知心人开放的。要走到这一步，需要给对方创造深思的空间。

不妨回想一下自己的体验，那些令你印象最深刻、最难忘的交谈，是不是往往让你发现了新的视角，对你的内心产生很大的冲击，或是给了你一种豁然开朗的感觉？

再分享一个非常实用的技巧。如果你在聊天中发现，对方给你的感觉和一开始你认识到的他有所差别，那么这一点就能成为一个深思的空间。你可以直接向对方分享你的观察，比如，跟他说："我觉得一般人看到你都会觉得你很强势，但其实从刚才你讲述的故事里，我发现你有很柔软的一面……"

为什么这个技巧很有效呢？因为这是每个人的需求——每个人都有被别人误会或误解的地方，都有希望为自己澄清的一面，都有渴望撕掉的标签。当你能识别和挖掘到对方不为人知的深层需求时，你就胜过了99%的只会与他们闲聊的泛泛之交。

> 一个真正的社交高手，并不需要太多外在的优势，而是能从内心深处打动别人。

如何漂亮地收尾

每一段对话都有开始和结束，在经过一番知心的交谈要离开"心灵阁楼"时，彼此肯定会有些依依不舍。建议在谈话的最后，试着用"我们"这个词来取代"我"和"你"。因为这代表了双方在聊天的过程中有了共识。

比如，你可以说：

"我们今天的这场对话真是太过瘾了！"
"没有想到，我们之间竟然这么有共鸣！"

当然，也别忘记跟对方说声"谢谢"，告诉他："我真的很高兴你能跟我分享这些，因为你让我有机会认识了别人看不到的你。"

聪明养育小贴士

　　工具只是工具，关键在于运用的人。一定要坚持，一定要练习，通过微小的行动，一步步地累积，才能突然在某一天感受到因改变而带来的幸福。

聪明养育小练习

　　思考：回忆一个你与孩子沟通的情景，想想如何就这个情景与孩子深度聊天。

1. 勘察地形。
我会这样说：＿＿＿＿＿＿＿＿＿＿＿＿＿＿＿＿＿＿＿＿＿

2. 打好地基。
我会这样说：＿＿＿＿＿＿＿＿＿＿＿＿＿＿＿＿＿＿＿＿＿

3. 加盖楼层。
我会这样说：＿＿＿＿＿＿＿＿＿＿＿＿＿＿＿＿＿＿＿＿＿

4. 阁楼谈心。
我会这样说：＿＿＿＿＿＿＿＿＿＿＿＿＿＿＿＿＿＿＿＿＿

5. 漂亮地收尾。
我会这样说：＿＿＿＿＿＿＿＿＿＿＿＿＿＿＿＿＿＿＿＿＿

幸福的最小行动
[美] 刘轩

 察言观色的四个步骤

 深层社交的五个要点

观察

分辨

分析

试探

给人留下正面的印象
保持投入的交流状态
让人感觉真实不虚伪
与人产生近距离的联结
懂得共情，能为对方着想

 深度聊天的四个步骤

 勘察地形

打好地基

 加盖楼层

围楼谈心

培养好习惯

想一想：

ᴄ℞ 培养习惯，为什么总是只有三分钟热度？

ᴄ℞ "21天养成好习惯"的说法正确吗？

ᴄ℞ 用什么方法可以更科学地建立并保持好习惯？

在生活中一定少不了为自己或孩子制订各种各样的计划，比如，每天锻炼半小时，每天陪孩子读半小时的绘本。然而，执行几天还行，要不间断地坚持下去就有些困难了。

一方面是外部因素，毕竟生活中难免有些意外：工作出了点问题，要加班到很晚，运动计划就被搁置了；跟朋友聚会、应酬，回到家只想倒头就睡，哪还有精力陪孩子读绘本。

另一方面是内在因素，也就是自己的心里开始打退堂鼓了：都坚持运动十天了一点效果也没有，还不如舒舒服服地躺着呢；陪孩子读了一个星期的绘本，孩子总是走神，看起来完全不感兴趣，干脆算了吧。

对于外部因素，你常常无法左右；而对于内在因素，我想你也无数次地反思过，最后的结论大概都是："唉，我就是意志力不足，所以坚持不下来。"

然而，事实并非这么简单。意志力是消耗品，单单靠意志力去做一件事，人很快就会累。这是人的本性，并不是一种缺陷。亚里士多德曾说过："人是被习惯塑造的，真正的坚持来自良好的习惯。"坚持本身，其实就是一种可以科学养成的习惯。

> **意志力是消耗品，单单靠意志力去做一件事，人很快就会累。**

阻碍习惯养成的因素

很多人都观看过火箭发射的过程，而发射火箭最困难的部分，就是穿过大气层的那个阶段。因为在这个阶段，火箭很容易被地心引力拉回地面，所以需要巨大的动力才能冲破大气层。火箭一旦进入太空，脱离了地心引力的影响，只需要很少的能量就能火速前进了。

如果将这样的现象套用在习惯养成上，那么地心引力对应的就是习惯引力。当人们想要养成新的习惯时，旧的习惯引力就会像地心引力一样把人拉回到原本的样子，从而阻碍新习惯的养成。

这其中有两种机制在起作用：一种是抵抗新变化；另一种是维持现状。

抵抗新变化

不妨回想一下，当孩子第一天上幼儿园的时候，是不是会大哭大闹？之所以会产生这种分离焦虑，是因为他的环境发生了变化，于是他就会本能地抵抗，试图不被新的变化影响。

你也会经常遇到这样的情况：当你下定决心要去做一件事时，过去的习惯却在强烈地表达抵抗。比如，过去的你一看到书就昏昏欲睡，即使现在你想要认真看书，也可能看一会儿就困了，这就是你过去的身体对你造成的习惯引力。

维持现状

我们的大脑一旦认定某种行为跟往常一样，就会拼命地维持这种行为。因此，抽烟、喝酒、暴饮暴食等坏习惯很难改掉。

摆脱习惯引力，培养新习惯

习惯引力的威力是不容小觑的，我们必须想办法摆脱习惯引力的阻碍，让它不再抵抗变化，并让它感觉新习惯也跟往常一样，这样坚持起来就容易多了。

习惯的三种类型

很多人应该都听过"21 天养成一个新习惯"的说法，那么"21 天"的说法是不是科学的呢？

其实，习惯是分不同种类的。习惯引力的强度不同，所需要的时间也不同。因此，具体需要多少天，还得看到底是什么习惯。

可将习惯分为三类，分别是行为习惯、身体习惯和思维习惯。

行为习惯是指每天规律的行为。比如，读书、写日记、记录家庭收支等日常行为。行为习惯根据环境的不同是有弹性的，对一般人而言，行为习惯的养成难度并不大，大约需要一个月。

身体习惯是指与身体节奏相关的习惯。比如，运动、减肥、早睡早起、戒烟戒酒等。与行为习惯相比，培养身体习惯需要克服的习惯引力要大很多，难度也会大很多，所需要的时间大约是三个月。

思维习惯是指与思维模式相关的习惯。比如，逻辑思维能力、创意能力，就是你如何分析看待一件事物，如何有意识地发挥想象力进行创造。改变一个人的行为还不算困难，但要改变一个人的想法和思维模式则非常难。因为人对于思维习惯层面的变化所产生的抵抗是最强烈的，需要的时间也最长，大约需要六个月。

接下来主要探讨的，是耗时较短的行为习惯。因为无论是身体习惯还是思维习惯，一开始都或多或少地要借助于行为习惯。比如，如果你想改变思维习惯，那么你首先肯定需要读一些相关的书籍，因此坚持读书这件事就是你需要养成的行为习惯。

另外，行为习惯是三种习惯中最好养成的，如果连最基本的行为习惯都无法养成，就没法来谈更难的身体习惯和思维习惯了。

> 改变行为习惯，是改变身体习惯和思维习惯的基础。

培养新习惯的三个阶段

反抗期

反抗期一般集中在第 1 天到第 7 天，在这个阶段大概有 42%的人会失败。

反抗期也是习惯引力最强的一个阶段。虽然你已经痛下决心，但是你过去的生活状态以及培养新习惯需要付出的努力，都会对你形成强烈的阻碍。关于如何顺利度过反抗期，分享两个方法。

方法 1：婴儿学步

简单来说，就是像婴儿学走路一样，从最基本的步骤开始，设定容易执行的任务。这样做的目的是先积累满足感，保持行动的热情，减少前期的反抗心理。因为在习惯养成的初级阶段，最重要的就是不能产生厌恶感和受挫感。

比如，你打算每天睡前看书，千万别一上来就要求自己每天坚持两个小时。可以先从半小时看起，并选择一些相对通俗易懂的书，而不是那种晦涩、烧脑的书籍，否则你可能很快就坚持不下去了。同样，如果你准备教两岁的孩子学英语，可别一下子就让他学很久，而且还是学相对专业的英语知识。完全可以在最初每天学 10 分钟，并让他看一些有趣的英文绘本和英文动画片，培养孩子对英语的兴趣。

> 在习惯养成的初级阶段，最重要的就是不能产生厌恶感和受挫感。

方法 2：简单记录

每天都把行动真实地记录下来。可能很多人会觉得这有些麻烦，或者这是不是太形式化了。然而，记录在习惯养成的过程中发挥着巨大的作用，因为这种仪式感有助于消除随意感，并能让你客观地了解自己每天坚持的效果。

比如，在减肥期间记录每天摄取的热量，这样就能很直观地知道，这一顿吃了太多油炸食品，热量超标了；这一天吃了太多甜食，摄入过量了。然后，根据记录随时调整自己的饮食结构，并避免不必要的加餐、聚餐，同时戒掉吃油炸食品、吃甜食的习惯。

坚持每天记录，每一次记录都是一次进步成果的展示，这非常有助于提升你的动力和成就感。

可能对有些人来说，坚持记录这件事本身就有难度，因此一定要采用不麻烦的方法，做简单的记录。不要过于烦琐，也没必要制作专用的表格，或者是事无巨细记录得过于详细。尽量以轻松的方式做简单的记录。比如，如果是陪孩子一起读绘本，就可以直接在绘本上做记号，写下读了多少页，用了多长时间。

不稳定期

不稳定期一般集中在第 8 天到第 21 天，大概会有 40% 的人失败。

所谓"不稳定期"，就是这个阶段常常会出现各种意外，要么导致计划中断，要么就此荒废计划。要想顺利度过不稳定期，就需要建立能够持续的行动机制。

分享三个方法。

方法 1：把过程模式化

所谓"模式化"，就是明确一个行为中的所有要素并形成固定的模式，包括时间、地点、人物和做法，还要认真地执行。

比如，每天晚饭过后，你和孩子一起在书房拼一小时的拼图。这样的重复练习是成功培养习惯的捷径，更容易让人在无意识中就做出相应的行动。比如，孩子一旦养成了这个拼拼图的习惯，吃过晚饭后他就会主动催你，让你快去书房和他一起拼拼图。

方法 2：设定例外规则

当遇到一些偶发事件时，你可以选择暂时不做。无论计划得有多周全，都免不了发生意外情况，想要完全遵守其实是极为困难的，如果过于严苛反而很容易给自己过大压力。特别是对于有些完美主义者来说，会觉得既然今天这一天没有做到，那就相当于没有实现 100%，于是干脆全盘放弃。

所以，设定例外规则是为了让我们坦然接受意外的发生，给自己一些缓冲，减轻压力。比如，如果生病了，就暂时放一放，今天没完成的任务，过几天再补回来。或者是，今天就是单纯的状态不好，不想做了，也可以暂时放一放，这没什么大不了的。

习惯养成的过程，本来就是一个边尝试边调整的过程，能够自由灵活地运用模式化与例外规则才是符合人性的做法，张弛有度才有助于计划的顺利进行。

方法 3：持续开关

"持续开关"是一个形象的说法，它指的是一个能让你持续下去的开关机制，分为糖果型开关和处罚型开关两大类。

糖果型开关类似我们常说的奖励手段。比如，孩子正在学习漫画，那么糖果型开关就可以是带孩子去看漫画展、给他买喜欢的漫画书，或是把他画的漫画贴在墙上……这些都可以作为一种激励。糖果型开关的目的就是以积极正面的力量促使行动的持续。

处罚型开关则不是常规意义上的处罚，而是一种制造危机感的手段。比如，你要减肥，那么处罚型开关就是，不瘦 10 斤就不准买新衣服，或是在家人面前宣布你的减肥计划，让自己没有退路，还可以是跟几个朋友一起定一个"减肥赌约"……总之，就是通过类似的竞争来激励自己。

这两种方式哪种更好呢？

针对不同的习惯或是每个人不同的性格来设置不同的开关，效果会更好。

对孩子来说，糖果型开关要优于处罚型开关。因为孩子不像成人，承受力和意志力都不太强，要是逼得太狠了，反而容易产生逆反心理。

倦怠期

倦怠期一般集中在第 22 天至第 30 天，可能有 18%的人会失败。

什么是倦怠期呢？就像是你已经坚持运动一段时间了，但每天这么一成不变地跑步，实在太无聊了。而且，你在称体重时还发现，体重这些天来几乎没什么变化，甚至有可能还增重了一些，你感到很泄气。

针对这种情况，也分享两个方法。

方法 1：添加新变化

添加新变化可以打破原本单调的模式，以崭新的心情重新出发。比如，用户外跑步取代在跑步机上跑步，或是时不时地变换跑步路线，看看沿途不一样的风景。

方法 2：计划下一项习惯

比如，在阅读习惯差不多养成后，你可以开始计划培养自己写读书笔记的习惯了。你在计划下一项习惯的时候，一定会回顾前一项习惯养成的过程，这样你就会重复感受到已经获得的成就感，并觉得自己的付出都是值得的，也能有效减少倦怠感。

聪明养育小贴士

科学的习惯养成，就是灵活地在过程中做出调整与改变。掌握习惯养成的要领，和孩子一起克服惰性，养成良好的习惯。

聪明养育小练习

情景再现：我总是控制不住地想刷手机，我该怎么办？

1. 在反抗期，我的做法是：＿＿＿＿＿＿＿＿＿＿＿＿＿

2. 在不稳定期，我的做法是：＿＿＿＿＿＿＿＿＿＿＿＿

3. 在倦怠期，我的做法是：＿＿＿＿＿＿＿＿＿＿＿＿＿

坚持，一种可以
养成的习惯
[日]古川武士

1 阻碍习惯养成的因素

- 抵抗新变化
- 维持现状

2 如何培养新习惯

(1) 三大习惯种类，不同方法

- 行为习惯
- 身体习惯
- 思维习惯

(2) 习惯养成三大阶段

- 反抗期
- 不稳定期
- 倦怠期

参考文献

[1] 萨巴瑞 . 父母的觉醒 [M]. 王臻，译 . 上海：上海社会科学院出版社，2013.

[2] 吉布森 . 不成熟的父母 [M]. 魏宁，况辉，译 . 北京：机械工业出版社，2017.

[3] 麦道卫，戴依 . 六 A 的力量：如何成为你孩子眼中的英雄 [M]. 黎颖，王培洁，译 . 南昌：江西人民出版社，2011.

[4] 侯瑞鹤 . 接纳孩子，接纳不完美的自己 [M]. 北京：中国妇女出版社，2016.

[5] 勒纳 . 愤怒之舞：亲密关系中情绪表达的艺术 [M]. 张梦洁，译 . 北京：机械工业出版社，2017.

[6] 高普尼克 . 宝宝也是哲学家：学习与思考的惊奇发现 [M]. 杨彦捷，译 . 杭州：浙江人民出版社，2014.

[7] 萨斯金德，萨斯金德，勒万特－萨斯金德 . 父母的语言：3000 万词汇塑造更强大的学习型大脑 [M]. 任忆，译 . 北京：机械工业出版社，2017.

[8] 韦纳 . 天才地理学：从雅典到硅谷，探索天才与环境的关系 [M]. 秦尊璐，译 . 北京：中信出版社，2016.

[9] 盖冈 . 如何高质量地陪伴孩子 [M]. 徐晓雁，译 . 北京：新星出版社，2016.

[10] 阿德勒 . 儿童的人格形成及其培养 [M]. 韦启昌，译 . 北京：北京大学出版社，2014.

[11] 西格尔，布赖森 . 去情绪化管教：帮助儿童养成高情商、有教养的大脑 [M]. 吴蒙琦，译 . 北京：机械工业出版社，2015.

[12] 惠芙乐 . 倾听孩子：家庭中的心理调试：第 3 版 [M]. 北京：北京大学出版社，2016.

[13] 戈特曼 . 培养高情商的孩子：让孩子受益一生的情绪管理法 [M]. 付瑞娟，译 . 杭州：浙江人民出版社，2014.

[14] 科恩 . 游戏力 Ⅱ：轻推，帮孩子战胜童年焦虑 [M]. 李岩，伍娜，高晓静，译 . 北京：中国人口出版社，2015.

[15] 梅迪纳 . 让孩子的大脑自由 [M]. 王佳艺，译 . 杭州：浙江人民出版社，2012.

[16] 利思科特－海姆斯 . 如何让孩子成年又成人 [M]. 彭小华，译 . 成都：四川人民出版社，2018.

[17] 希斯赞特米哈伊 . 创造力：心流与创新心理学 [M]. 黄珏苹，译 . 杭州：浙江人民出版社，2014.

[18] 温奇 . 情绪急救：应对各种日常心理伤害的策略和方法 [M]. 孙璐，译 . 上海：上海社会科学院出版社，2015.

[19] 帕特森，格雷尼，麦克米兰，史威茨勒 . 关键对话：如何高效能沟通：第 2 版 [M]. 毕崇毅，译 . 北京：机械工业出版社，2017.

[20] 刘轩 . 幸福的最小行动 [M]. 北京：中信出版社，2018.

[21] 古川武士 . 坚持，一种可以养成的习惯 [M]. 陈美瑛，译 . 北京：北京联合出版公司，2016.